21 世纪高职高专精品教材·经贸类通用系列

电子商务创业

贾晓丹　编著

中国人民大学出版社
·北京·

图书在版编目（CIP）数据

电子商务创业/贾晓丹编著. —北京：中国人民大学出版社，2016.7
21世纪高职高专精品教材·经贸类通用系列
ISBN 978-7-300-22208-0

Ⅰ.①电… Ⅱ.①贾… Ⅲ.①电子商务-企业管理-高等职业教育-教材 Ⅳ.①F713.36

中国版本图书馆CIP数据核字（2015）第281795号

21世纪高职高专精品教材·经贸类通用系列
电子商务创业
贾晓丹　编著
Dianzi Shangwu Chuangye

出版发行　中国人民大学出版社
社　　址　北京中关村大街31号　　　　邮政编码　100080
电　　话　010－62511242（总编室）　　010－62511770（质管部）
　　　　　010－82501766（邮购部）　　010－62514148（门市部）
　　　　　010－62515195（发行公司）　010－62515275（盗版举报）
网　　址　http://www.crup.com.cn
　　　　　http://www.ttrnet.com（人大教研网）
经　　销　新华书店
印　　刷　北京东方圣雅印刷有限公司
规　　格　185 mm×260 mm　16开本　　版　　次　2016年7月第1版
印　　张　11.5　　　　　　　　　　　印　　次　2016年7月第1次印刷
字　　数　260 000　　　　　　　　　　定　　价　26.00元

前　言

"大众创业，万众创新"背景下的"互联网＋"全国性创业创新浪潮正在引领整个社会发展变革，重构商业模式。从20世纪90年代中期开始蓬勃兴起的电子商务浪潮，随着"互联网＋"的进一步普及应用，电子商务已经得到世界各国的高度重视。电子商务作为一种逐渐成熟的商务运作模式正在不同程度地影响各行各业。与此同时，各类院校的电子商务创业的热情与行动也在不同程度地发展壮大。

专业是学生将来谋业的立业之本，高校创业要与专业融合，以专业知识和技能传授为载体，以产业升级为引领，激发学生从自身技能为着力点，点燃学生创业激情。离开专业的创业看似广阔，但缺少行业发展和市场把握，所以依托专业的创业是高校创业教育的必经之路。本书以"互联网＋电子商务"为背景，以创业创新项目为主线，以电子商务创业为蓝本，全面、系统培育学生创业，并从资金、团队、项目、模式以及商业理论基础五个基本要素入手，在创新创业课程标准研究的基础上，逐步形成从理论到实践的课程体系。本书分为基础篇和应用篇，共9个项目。其内容主要包括认识互联网营销理论、创建企业流程、选择电子商务创业模式、管理网络商品、网络营销工具推广、网络营销数据分析、网络支付与成本分析、网络客户服务管理以及制订创业计划书。并根据每个任务的具体特点，安排了任务操作和拓展练习。本书的对象为本科、大专、中专学校的学生和准备进行和正在进行创业的个人和企业。

本书由辽宁机电职业技术学院贾晓丹编著，由辽东湾电子商务学校关静校长主审。并得到了丹东鲜骑士生鲜宅配有限公司唐嘉蔚、丹东一达软件有限公司董海军、辽宁联通丹东分公司李宁以及中国人民大学出版社的大力支持和帮助。

本书在编写过程中参考或引用了大量专家学者的论著、图书及网站资料，谨在此对他们表示衷心的感谢。由于编写水平有限，书中若有不妥之处，恳请广大读者批评指正。

编者

目　录

基础篇

应用篇

基础篇

项目一　认识互联网营销理论

学习目标

1. 知识目标

通过互联网的营销方式和思维实现企业营销目标，完成市场评估和竞争对手分析。

2. 能力目标

清楚客户需求，并有能力将其转换成核心价值，设计出产品卖点。

3. 素质目标

对行业的未来趋势拥有敏锐感知力和创新力。

案例引入

Toyota

Youtube 明星：Rhett& Link

浏览量：1 000 万

Toyota 找到了 Collective Digital Studio 的喜剧二人组明星 Rhett&Link 来拍摄新车广告，完成一次疯狂的试车体验。在这次惊心动魄的试车过程中，两人必须驾车经过一段九曲十八弯的泥路弯道，还要穿过会喷射火焰的圆环。为了扩大广告的影响力，Toyota 在 Google Preferred 上购买了广告位，2 分钟的短视频在 Toyota 的 YouTube 频道上达到了 7 万 4 千次观看量。而 Rhett&Link 则给 Camry 这辆车带来了不少的曝光度，在这对网络红人的 YouTube 日常脱口秀 Mythical Morning 中，有 6 期给 Camry 做了宣传，这一举动让 Toyota 广告的观看量立刻飙升到了 1 000 万。现在像 Toyota 这样的大品牌也无法强迫观众来观看他们的广告，而将广告植入那些网络红人的节目中反而更有效率。随着互联网营销的深入研究，哪些因素正在影响着消费者的购买欲望呢？

任务一　市场分析

情境导入

小王想通过微营销的方式扩大产品销售渠道，在进行微营销推广的时候，他首先开通了服务号，并预计通过图文欣赏、活动连线等方式来吸收会员。可是经过一段时间的操作后，发现订阅用户数量极少，其“粉”的实际购买转化率也极低。小王开始思考：怎样做才能吸收足够数量的用户？谁是我们重要的客户？我们在为谁创造价值？

知识探究

一、市场细分

市场作为一个复杂而庞大的整体，由不同的购买者和群体组成。由于这些购买个体和群体在地理位置、资源条件、消费心理、购买习惯等方面的差异性，在同类产品市场上，会产生不同的购买行为。市场细分就是根据影响需求的因素，将一个整体市场划分为若干个不同的小市场的过程。每一个有相似需求的购买群体形成一个细分市场，不同的细分市场之间又有着显著的需求差异。

实战案例　　农夫山泉的细分市场

2015 年，农夫山泉一口气推出了三款新水，即玻璃瓶装高端水、婴幼儿专用水、学生专用水。玻璃瓶装高端水 750 毫升定价为 35～40 元，如图 1—1 所示，该款水在清淡中还带有松软冰雪的气息。专门针对婴幼儿的农夫山泉天然饮用水是 1 升装。农夫山泉学生专用水是 535 毫升。婴幼儿专用水采用无菌包装技术，定价 9 元左右；学生专用水是农夫山泉原有运动瓶装水产品的升级版，定价 4 元左右。鉴于我国现有饮用水标准均未特别考虑婴幼儿需求，农夫山泉特别制定了非常严格的饮用天然水（适合婴幼儿）企业标准，并以此为生产依据。请问农夫山泉的细分依据是什么？

图 1—1　农夫山泉瓶装高端水

1. 大众市场

聚焦于大众市场的模式在不同客户细分之间没有太大区别。价值主张、渠道通路、客户关系全都聚集于一个大范围的客户群组，在这个群组中，客户具有大致相同的需求和问题。

2. 利基市场

利基市场迎合特定的客户细分群体。价值主张、渠道通路、客户关系主要针对某一利基市场的特定需求定制。早期中小型创业团队可以考虑以利基市场入手。

3. 区隔化市场

区隔化市场会在略有不同的客户需求及困扰的市场细分群体间存在区别。他们有许多相同之处，但又有不同的需求和困扰，这样的客户细分群体影响了整个模式的其他构造块，诸如价值主张、渠道通路、客户关系和收入来源等。

4. 多元化市场

多元化市场可以服务于两个具有不同需求和困扰的客户细分群体。

5. 多边平台（多边）市场

即将两个或更多的有明显区别但又相互依存的客户细分群体集合在一起。只有相关客户群体同时存在，结构才有价值。该模式通过促进各方客户群体间的互动来创造价值。

6. 细分依据

从需求状况角度考察，各种社会产品的市场可以分为同质市场和异质市场两类。凡消费者或用户对某一产品的需求、欲望、购买行为及对企业营销策略的反应等方面具有基本相同或极为相似的一致性时，这种产品的市场就叫同质市场。只有极少数产品的市场属于同质市场。显然，同质市场无须细分。绝大多数产品的市场都是异质市场，即消费者或用户对产品的质量、特性、规格、档次等方面的需要与欲望是有差异的，或者在购买行为、购买习惯等方面存在差异性。正是这些差异，使市场细分成为可能。

市场由购买者组成，而购买者在消费需求、购买习惯等方面各不相同，因为他们对商品的品种、数量、价格、式样、规格、色彩、购买时间、购买地点等都会体现出一定的差异性。这些差异性的存在，为市场细分提供了基础，消费差异越大，消费者越是追求差异化，市场细分越有必要。

实战案例　　农夫山泉的精准细致目标市场

农夫山泉最高格的玻璃瓶装矿泉水的玻璃瓶身的设计，据说花了超过三年的时间，邀请5家国际顶尖设计公司进行设计，历经58稿后才最终选定了现在的包装。最终展现在公众面前的晶莹剔透的玻璃瓶身加上长白山特有物种的图案，透出浓浓的人文气息。在农夫山泉领导人钟睒睒的战略词典中，农夫山泉不仅要做国内饮用水行业的老大，还要做水中的奢侈品。“现今，优质食品是全中国乃至世界最大的奢侈品，农夫山泉就要做水中的奢侈品。”他认为高端水需具有三大特点：稀缺的天然水源、天然均衡的矿物元素含量、体现深厚的自然或人文内涵。其中，最后一点可以说是农夫山泉获胜的重要法宝。那么，农夫山泉的细分市场目标是怎样确定的？

二、目标市场

一个企业不可能满足所有人的需求，只能满足部分人的部分需求。企业可以有针对性地选择细分市场，并针对目标顾客的特点开发优质的产品、提供周到的服务。

经过细分之后，摆在企业面前的是若干个细分市场，哪个细分市场对企业来说存在着市场机会，也就是哪个市场可以作为本企业的目标市场。这个企业营销活动所要满足的市场，就是企业为实现预期目标而要进入的市场。企业的一切营销活动都是围绕目标市场进行的。目标市场选择模式如图1—2所示。

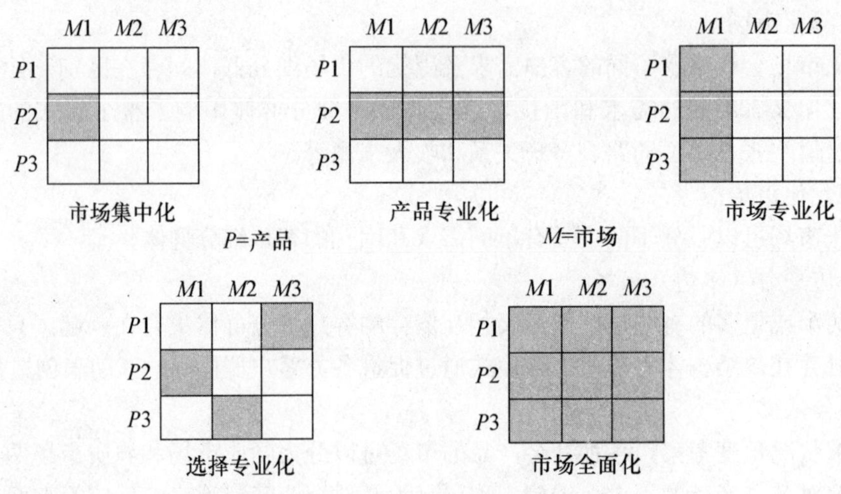

图1—2　目标市场选择模式

1. 市场集中化

企业的目标市场无论从市场还是从产品角度看，都是集中于一个细分市场。这种策略意味着企业只生产一种标准化产品，只供应某一顾客群。规模较小的企业通常采用这种策略。

2. 产品专业化

企业向各类顾客同时供应某种产品。当然，由于面对着不同的顾客群，产品在档次、质量或款式等方面会有所不同。

3. 市场专业化

企业向同一顾客群供应性能有所区别的同类产品。如前面案例中提到的农夫山泉面向不同客户群提供的不同细分产品。

4. 选择专业化

企业决定有选择地进入几个不同的细分市场，为不同的顾客群提供不同性能的同类产品。采用这种策略应当十分慎重，必须以这几个细分市场均有相当的吸引力，即均能实现一定的利润为前提。

5. 市场全面化

企业决定全方位进入各个细分市场，为所有顾客提供他们所需要的不同性能的系列产品。

三、目标市场战略

1. 无差异市场营销策略

无差异市场营销策略就是企业不考虑细分市场的差异性，把整体市场作为目标市场，对所有的消费者只提供一种产品，采用单一市场营销组合的目标市场策略。美国的可口可乐公司最具代表性。1886 年，一位叫班伯顿的药剂师发明了可口可乐的配方，并开始投入生产，一百多年来，不论是在北美还是全球，都奉行无差异化营销策略，保证了可口可乐的品质，使之成为一个全球的超级品牌。

2. 差异性市场营销战略

差异性市场营销策略是把整体市场划分为若干需求与愿望大致相同的细分市场，然后根据企业的资源及营销实力选择部分细分市场作为目标市场，并为各目标市场制定不同的市场营销组合策略。如宝洁公司就是实行差异化营销的典型，它的洗衣粉有多个品牌，熟知的有强力去污的“碧浪”，价格较高；去污亦强但价格适中的“汰渍”；突出物廉价美的“熊猫”等。

3. 集中市场营销策略

集中市场营销策略是企业以一个细分市场为目标市场，集中力量实行专业化生产和经营的目标市场策略。

实战案例 海尔的国内外定位

他，世界第四大白色家电制作商，中国最具价值品牌。他，在全球建立了 29 个制造基地，3 个综合研发中心，19 个海外贸易公司，全球员工超过 5 万人，已经发展成为大规模的跨国企业集团，2015 年实现全球营业额 1 887 亿元。他，主要经营各类白色家电，还记得他在中国的广告词吗？“二十多年时间验证，几十项严苛实验，保证质量可靠，无论您住在哪里，海尔冰箱世界名牌，服务到家。”海尔作为跨国企业，在国外的广告并没有使用国内的版本，而是采用了“与梦想一起飞”的创意广告，为什么海尔国内外会出现不同的市场定位？定位由谁决定？

四、市场定位

市场定位也被称为产品定位或竞争性定位，是指根据竞争者现有产品在细分市场上所处的地位和顾客对产品某些属性的重视程度，塑造出本企业产品与众不同的鲜明个性或形象，并通过一系列营销努力把这种个性或形象传达给顾客，从而适当确定该产品在市场上的位置。

实战案例 印度快递

大家可能都看过一个极具创意的印度快递公司的广告，广告的内容大致是这样的：一个快递员在派送一份快件的时候看见两个警察在吃早餐，于是上前揍了其中一个警察，然后这个快递员被送进了监狱，在牢房中，有一个大块头准备修理新手时候，他快速地从身上拿出一个包裹交给了大块头，并请他签收，从而完成了这次送件任务。广告的最后还写着“Tell us where，We will put it there”。当然这只是一个创意广告，但从广告中我们不免能看出这个企业的定位。那么，从定位的衡量标准来看，企业定位要想成功需要做什么？

1. 衡量标准

不管你在哪个象限中设下你的位置，顾客都会根据你在其心中的地位定位出来。衡量标准就是客户想要的买点能否成功转换成核心价值，并设计出产品的卖点。简单地说，市场定位就是消费者的心。

2. 定位战略

(1) 产品差别化战略，指从产品特色、产品质量、产品款式、风格、设计等方面实现差别。如农夫山泉的水源来自万绿湖 70 米深的水源。

(2) 服务差别化战略，指向目标市场提供与竞争者不同的优异服务，如订货、送货、安装、培训、咨询、维修等方面的差异。如唯品会的会员售后退货时有唯品币补贴。

(3) 人员差别化战略，指通过聘用和培训比竞争者更为优秀的工作人员来获取差别优势，如在称职、诚实、可靠、负责、沟通等方面的差异。

(4) 形象差别化战略，指在产品的核心部分与竞争者类同的情况下塑造不同的产品形象以获取差别优势，如在创意、形象、标志、文字、包装等方面的差异。如 Tiffany 的蓝色包装盒，如图 1—3 所示。

图 1—3　Tiffany 的蓝色包装盒

拓展练习

1. 大家可能都观看过 iphone6 的中文官方广告“岂止于大”，请大家回想一下，在这个广告中 iphone6 的卖点是什么？

2. 多边平台（多边）市场能否吸引足够数量的用户？哪边客户对价格更加敏感？能够通过补贴吸引价格敏感一边的用户吗？平台的另一边是否可以产生充足的收入来支付这些补贴？

任务二　竞争者分析

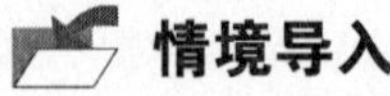

情境导入　　百事与可口可乐的竞争

1975 年，百事可乐在达拉斯进行了品尝实验，将百事可乐和可口可乐都去掉商标，

分别以字母M和Q做上暗记。结果表明，百事可乐比可口可乐更受欢迎。随后，BBDO公司对此大肆宣扬，在广告中表现的是，可口可乐的忠实主顾选择标有字母M的百事可乐，而标有字母Q的可口可乐却无人问津，广告宣传完全达到了百事可乐和BBDO公司所预期的目的：让消费者重新考虑他们对“老”可乐的忠诚，并把它与“新”可乐相比较。百事可乐不仅在美国国内市场上向可口可乐发起了最有力的挑战，还在世界各国市场上向可口可乐挑战，百事可乐终于在它诞生92周年的时候赶上了竞争对手。1990年，两种可乐平分市场，在零售方面百事可乐超了1亿美元。该年度尼尔森公司对美国、欧洲和日本的9 000名消费者进行了调查，排出了世界上最有影响的10大名牌，百事可乐和可口可乐均获此殊荣，分列第6和第8位，百事可乐已实现了成为全世界顾客最喜欢的可乐的公司梦想。请问什么是竞争？百事可乐在和谁竞争？

知识探究

一、市场竞争

竞争（Competition）或称为市场竞争，在同一市场上如果存在两个以上的企业生产同一性的或可替代产品，就会存在竞争。在有多个厂家生产同一性产品的时候，购买者在市场上就可以有多种选择，这就迫使竞争者为了自己的生存和发展进行较量和争夺顾客，市场就进入不断“优化”的过程，这是市场经济活力的来源。

1. 核心竞争力

核心竞争力是相较于竞争对手拥有的可持续性优势：优势资源、先进的运作模式、更适合市场需求的产品和服务。通过上述某个领域或者多个领域相互作用形成的优于对手的竞争力，是展现在能力之间的竞争，是企业战略的新规则，如图1—4所示。

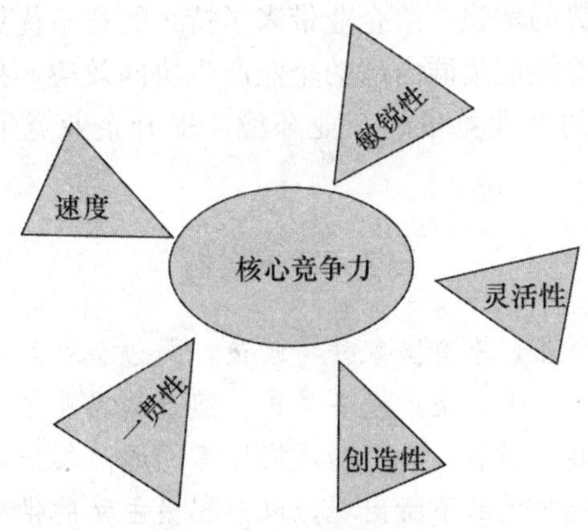

图1—4　核心竞争力

2. 协同竞争

协同竞争是指竞争矛盾的双方相互联系、相互依赖、相互引导、相互转化的对立统一过程，竞争导致协同，协同引导竞争。

3. 竞争优势策略

企业产品只要被别人模仿得惟妙惟肖，企业便失去竞争优势。企业成本如果被别人追上，或是别人的成本比它还低，那企业也会失去竞争优势。

（1）成本领先。实现成本领先意味着企业成为行业内的低成本制造者。当企业产品与别人完全一样，企业需要降低价格，需要想尽办法降低成本。企业一旦丧失成本领导地位，那么很快就会失去产品的优势。价格领导优势往往通过规模经济来实现。

（2）差异化。差异化意味着企业在行业内占据独一无二、无人取代的地位，并且广泛地被顾客接受和欣赏。可以实现差异化的领域有：产品、渠道、销售、市场、服务、企业形象，等等。差异化通过个性化定制和人性化服务区别于其他企业。企业常见的问题：有无价值独特性；过分歧异；溢价太高；忽视信号价值需要；不了解经营歧异性成本；只重视产品而忽视整个价值链；不能正确认识买方细分市场。

（3）集中化。实现聚焦集中，意味着企业成为某一细分市场或行业中的最佳企业。集中化有两种形式，即集中成本和集中差异化。

当一个企业能够维持利润超过行业平均值时，这个企业就拥有了超过竞争对手的竞争优势。大多数企业的目标就是获得竞争优势的维持力。

4. 竞争优势应用

（1）从竞争的角度研究企业在哪些因素上具有优势，或者可能建立竞争优势，集中力量培育并发展这种优势。

（2）对企业来说，要让这些优势因素创造出持久的、强大的竞争优势，必须整合、创造新的竞争优势模型，以便把相对独立出来的战略优势因素有机地融入新的优势模型的动力系统中，创造持久的竞争优势。

（3）企业在战略管理的支配下，实现优势模型因素的整体协调后，由企业内各优势因素的优势能力耦合而成的企业整体竞争优势，远远超过企业各优势因素所产生的优势之和，这种整体协调后所产生的竞争优势的增强，可以简单地表示为“1+1>2”。正是这种隐性的、不易被识别的优势的增强，给企业带来了持久的竞争优势。

（4）波特提出产业集群能使集群内部的企业产生协同效应，提升竞争优势。构建基本竞争优势模型，创建良好的企业竞争的产业环境，提升企业竞争优势，需要创建产业集群，充分发挥集群效应。

实战案例　　云公司发展实例

云公司是一家高科技企业，享有国家扶持政策，周边金融环境宽松，研发力量强，产品性能处于同类产品的中上水平，生产设备先进。随着销售业绩的提升，公司资金开始紧张，管理不到位，销售渠道不完善，对市场反应慢等问题陆续出现。同时，由于该公司所处行业技术进步较快，新的替代品不断出现，以前积极主动的供应商明显减少。请问上述案例中云公司的优势、劣势、机会、威胁各是什么？

二、SWOT 分析

SWOT 分析又称态势分析法，于 20 世纪 80 年代初由旧金山大学管理学教授提出，它是一种能够客观而且准确地分析和研究一个单位现实情况的方法，如图 1—5 所示。

图 1—5　SWOT 分析

进行 SWOT 分析时，对公司的优势与劣势需有客观的认识，能区分公司的现状与全景，并与竞争对手进行比较，注重简洁化，避免复杂化与过度分析。SWOT 表需要考虑的问题如图 1—6 所示。

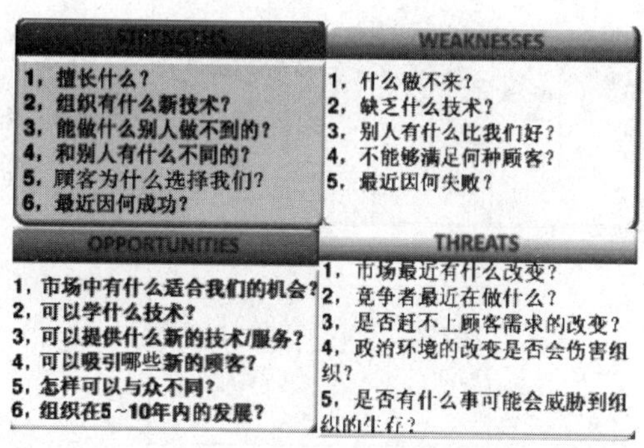

图 1—6　SWOT 表需要考虑问题

SWOT 分析步骤：罗列企业优势和劣势，可能的机会与威胁；优势、劣势与机会、威胁相组合，形成 SO、ST、WO、WT 策略；对 SO、ST、WO、WT 策略进行甄别和选择，确定企业目前应该采取的具体战略与策略，如图 1—7 所示。

	优势	劣势
机会	SO战略（增长性战略）	WO战略（扭转性战略）
威胁	ST战略（多种经营战略）	WT战略（防御性战略）

图 1—7　SWOT 策略

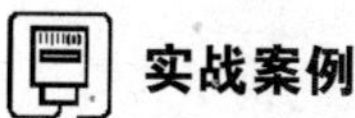

实战案例　　聚美优品的竞争分析

聚美优品是一家化妆品限时特卖商城，其前身为团美网，由陈欧、戴雨森等创立于 2010 年 3 月。聚美优品首创“化妆品团购”模式：每天在网站推荐十几款热门化妆品。

2010年9月，团美网正式全面启用聚美优品新品牌，并且启用全新顶级域名。聚美优品作为首家化妆品电商一直坚持以用户体验为核心，例如聚美优品开创官方旗舰店入驻的形式，先后吸引了欧莱雅、高丝、资生堂、谜尚等国际知名美妆大牌的抢先入驻，迎来了新一轮的急速扩张。据市场部相关负责人透露：官方授权B2C旗舰店的出现，可以加强消费者对网购的信任度，也有助于提升用户体验及服务体验。用波特五力模型分析聚美优品竞争优势如图1—8所示。

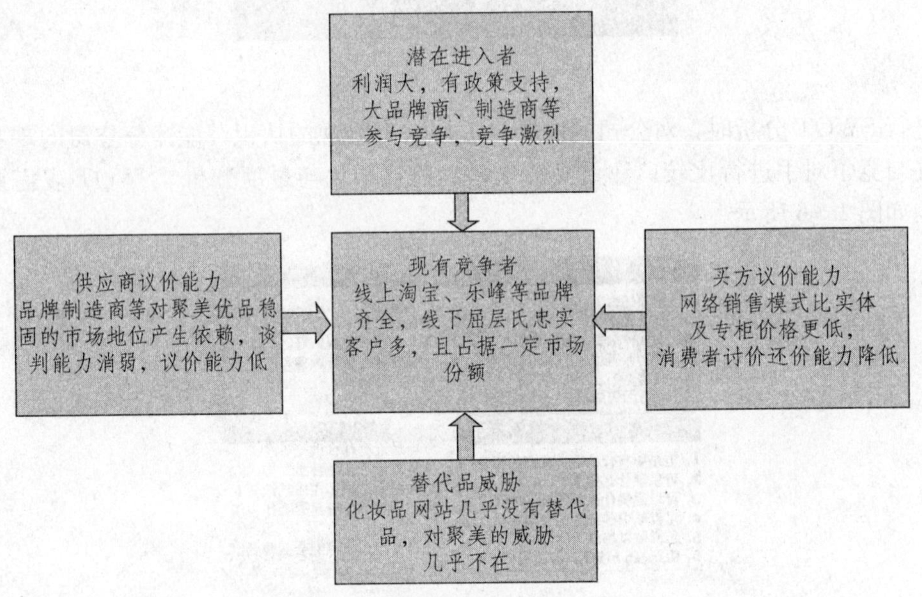

图1—8 聚美优品的波特五力分析

三、竞争模型

1. 科特勒竞争优势模型

科特勒的企业外部环境四层面理论对分析竞争优势的来源与持久具有重要的意义。将竞争优势与该理论联系起来发展成为一个优势模型，即科特勒竞争优势模型，如图1—9所示。

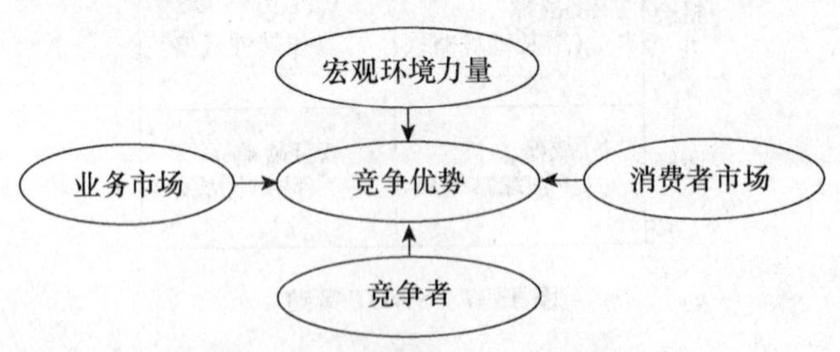

图1—9 科特勒竞争优势模型

2. 价值链模型

价值链模型为企业通过内部活动分析寻求竞争优势来源、确立竞争优势，提供了一个战略性指导工具，如图1—10所示。

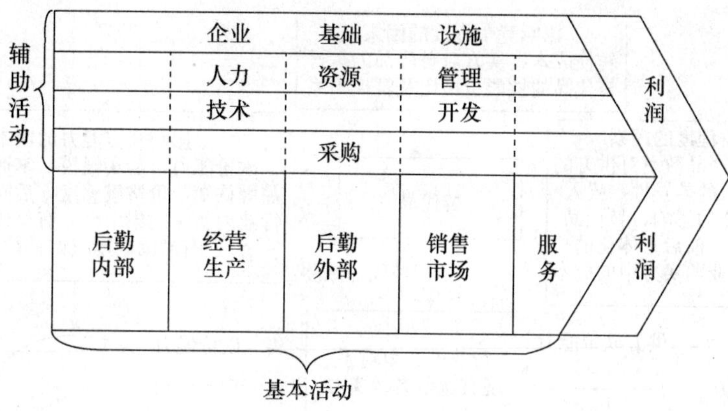

图 1—10　价值链模型

3. 钻石理论体系

完整的钻石理论体系为企业在国家（地区）等更高层面上寻求竞争优势来源、提升国内国际竞争力提供了重要的理论分析与实践指导工具。钻石理论体系如图 1—11 所示。

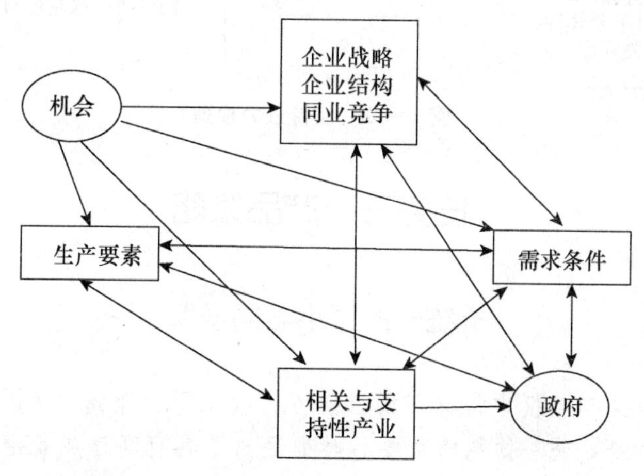

图 1—11　钻石理论体系

4. 波特五力模型

波特五力模型给出了决定产业吸引力的五种竞争作用力，解决了企业如何确定进入产业的吸引力大小，获取有利竞争优势产业环境的难题。波特五力模型如图 1—12 所示。

拓展练习

唯品会，一家专门做特卖的网站！每天 10 点上新品，全场 1 折起特卖。商品囊括时尚男装、女装、童装、美鞋、美妆、家纺、母婴等。每天精选“100＋”个品牌授权特卖，正品保证，可货到付款，7 天无条件退货。区别于其他网购品牌，唯品会定位于“一家专门做特卖的网站”，每天上新品，以低至 1 折的深度折扣及充满乐趣的限时抢购模式，为消费者提供一站式优质购物体验。请完成唯品会的 SWOT 分析。

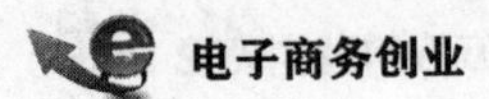

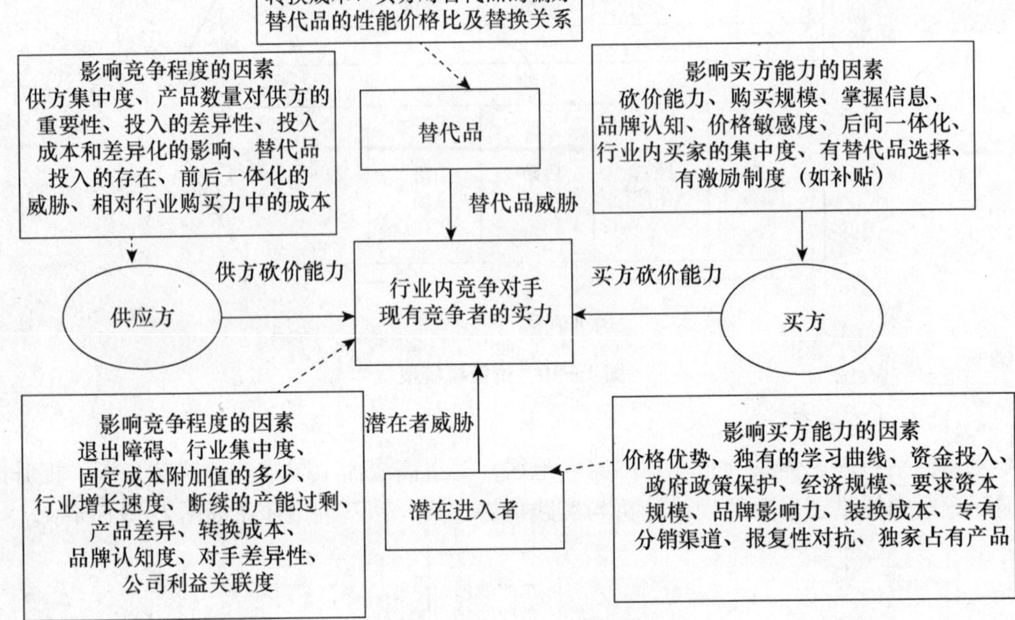

图 1—12　波特五力模型

任务三　产品策略

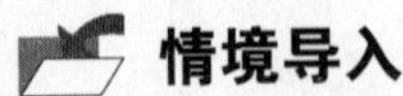

统一的“小茗同学”

在刚发布的 2014 年年报中，统一饮料业务的收入同比下滑 7.6%，净利润同比下滑 17.02%。更糟糕的是，统一饮料的主要品类都远离了具有高速成长潜力的细分市场，并且缺少爆款。业绩不佳，逼迫饮品巨头亟须出一款新品来开拓即将到来的旺季市场。“小茗同学”茶饮（见图 1—13）成为 2015 年统一饮料赢得市场的战略产品。请问在 2015 年“小茗同学”茶饮处于生命周期的哪个阶段？

图 1—13　统一的“小茗同学”茶饮

知识探究

一、产品生命周期

产品生命周期（Product Life Cycle，简称 PLC），是指产品的市场寿命。一种产品进入市场后，它的销售量和利润都会随时间推移而改变，分别呈现一个由少到多和由多到少的过程，就如同人的生命一样，由诞生、成长到成熟，最终走向衰亡，这就是产品的生命周期现象。产品生命周期，是产品从进入市场开始，直到最终退出市场为止所经历的市场生命循环过程。产品只有经过研究开发、试销，然后进入市场，它的市场生命周期才算开始。产品退出市场，则标志着生命周期的结束。产品生命周期如图 1—14 所示。

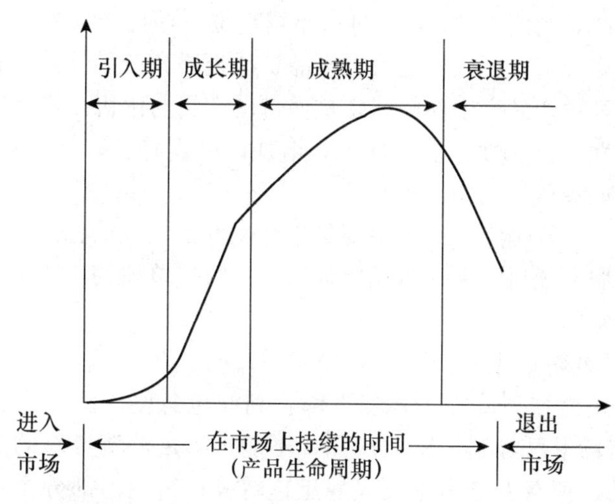

图 1—14 产品生命周期

二、产品生命周期各阶段的特征及策略

1. 引入期特点及策略

特点：产品销量少，促销费用高，制造成本高，销售利润低（无）。

引入期应采取的策略如下：

（1）快速撇脂策略：用高价格、高促销费推出新产品，目的是尽快收回投资。适用条件：产品需求潜力大，顾客求新心理强、急于购买，企业面临潜在竞争者威胁，需要及早树立品牌形象。

（2）缓慢撇脂策略：高价格、低促销费推出新产品，目的是以尽可能低的费用取得最大限度的收益。适用条件：市场规模小，产品有一定知名度，顾客愿意出高价，潜在竞争威胁不大。

（3）快速渗透策略：用低价格、高促销费推出新产品。适用条件：市场容量大，顾客对产品不了解，对价格敏感，潜在竞争激烈，单位成本随规模和销量扩大而降低。

（4）缓慢渗透策略：用低价格、低促销费推出新产品。适用条件：市场容量大，产品知名度高，顾客对价格敏感，竞争威胁不大。

2. 成长期特点及策略

特点：老顾客重复购买并带来了新客户，销售量激增，利润迅速增长，在这阶段利润达到高峰。

策略：改善产品品质，寻找新的细分市场，改变广告宣传重点，适时降价。

3. 成熟期特点与策略

特点：销量增长缓慢，逐步达到高峰，然后缓慢下降；销售利润也从成长期最高点开始下降；市场竞争很激烈、各种品牌、款式的同类产品不断出现。

成熟期应采取的策略如下：

(1) 市场改进策略。市场改进策略指企业在不改变产品的情况下努力开拓新的市场，寻找新的顾客，努力发掘现有产品和现有市场潜力。企业产品的销量主要受产品使用人数和使用率的影响。具体的做法有：开发产品的新用途，将产品引入新的细分市场，争取竞争对手的顾客；增加产品的使用率；重新进行市场定位，寻找新顾客。

(2) 产品改进策略。企业可以通过改进产品，适当提高产品性能，扩大产品用途，增加产品的式样，使顾客对产品产生新鲜感，从而带动产品的销售。产品改进具体包括增加产品新功能，如耐用性、可靠性、安全性等；增加产品新特色，如材料、尺寸、口味等；增加产品美学诉求，如颜色、结构、包装等。

(3) 营销组合改进。营销组合改进主要是指优化价格、分销、广告及服务组合，注重企业形象设计，增强服务项目，采用赠品等促销工具取代单纯的广告宣传，通过降低销售价格等手段拓展市场空间。

4. 衰退期特点及策略

特点：产品销量由缓慢下降变为迅速下降，利润也急剧下降；产品的价格已经降到最低；这时产品在市场上已经属于陈旧产品，不能再满足消费者新的需求；市场上出现新产品或新的替代品，消费者的需求及兴趣迅速转移；行业内部分企业无利可图，被迫退出市场。

衰退期应采取的策略如下：

(1) 维持策略。企业维持原有的营销策略，保持原有的细分市场、销售渠道、定价及促销方式，将销售量维持在一定水平上，待时机合适，再选择退出市场。

(2) 收缩策略。即大幅度削减促销费用，把企业的资源集中使用在最有利的细分市场和最易销售的产品上，以求获取尽可能多的利润。

(3) 放弃策略。企业对没有前途的产品，应当机立断，放弃经营，退出市场。

三、产品组合

产品组合是指企业提供给市场的全部产品线和产品项目的组合或结构，亦称企业的业务经营范围。

1. 产品线

产品线是指产品组合中的某一产品大类，是一组密切相关的产品。比如以类似的方式发挥功能，销售给相同的顾客群，通过同样的销售渠道出售等。

2. 产品项目

产品项目是指产品线中不同品牌和细类的特定产品。

3. 影响产品组合的变量

通常产品组合情况由四个变量决定，即宽度、深度、长度及关联度。

产品组合的宽度（又称产品组合的广度）是指产品组合中所拥有的产品线的数量。产品线越多意味着企业的产品组合越宽。产品组合的宽度表明了一个企业经营的产品种类的多少及经营范围的大小。

产品组合的深度是指在某一产品线中产品项目的多少，其表示在某类产品中为产品开发的深度及某类产品经营的是否齐全。

产品组合的长度是指企业产品项目的总和，即所有产品线中的产品项目相加之和。一般情况下，产品组合的长度越长，说明企业的产品品种、规格越多。由于有时候一个产品项目就是一个品牌，因此，产品组合的长度越长，企业所拥有的产品品牌也越多。

产品组合的关联度是指各个产品线在最终用途、生产条件、分销渠道及其他方面的相互关联程度。

实战案例　　评价产品线

在商用领域，戴尔原本也有两大系列：Latitude和Precision，分别定位于中型和大型企业，以及政府、教育和医疗机构。不过随着中小企业和SOHO一族的遍地开花，戴尔又增加了一个经济实惠的低端商用机型：Vostro系列。对这三个商用系列，我们可以这么理解：Vostro强调性价比，容易被预算有限的个人消费者所青睐，因此可以看作是一款介于商用和家用之间的产品。Latitude是最具竞争力的主流商用机型，在耐用性、安全性、电池寿命、连接性及远程管理等方面，都充分考虑到了商务人士的各种需求。Precision则是一款移动工作站，提供卓越的应用性能和世界一流的扩展性，主要应用于密集图形设计、影视特效制作等需要强劲性能的专业领域。

4. 产品线评价

产品线评价包括四种情况：不但获利，而且有良好前景，预期成为未来主要产品的新产品；已经达到高利润、高成长率、高占有率的主要产品；虽然仍有较高利润率但属于维持性产品；已经面临淘汰，逐步收缩其投资以减少损失的衰退产品。

实战案例　　LG的产品组合策略

从2014年开始，LG开始在全球范围内推广具有优异画质表现、超纤薄外观，并且可以完美弧面显示的高端OLED（聚合阅读）电视。OLED电视不仅凝聚了LG电子研发的精华，也是LG化学、面板等相关企业核心技术共同合作的成果。这款产品代表了整个彩电行业未来的发展趋势，也是整个LG在全球范围内的一款核心战略产品。以中高端产品为主的LG产品策略在中国市场收获到了良好的效果。请问LG的产品组合策略是什么？

5. 产品组合策略

（1）扩大产品组合：开拓广度和加强深度。

（2）缩减产品组合：消减产品线或产品项目，特别是取消获利小的产品。

（3）高档产品：原有产品线内增加高档次、高价格项目。

（4）低档产品：原有产品线内增加低档次、低价格项目。

四、品牌

品牌是制造商或经销商加在产品上的标志。品牌是由名称、图形、符号、标记或它们的组合形成的，它的基本功能是把不同企业之间的同类产品区别开来，不致使竞争者之间的产品发生混淆。品牌是一个集合概念，包括品牌名称、品牌标志和商标品牌名称，它是指品牌中能够用语言表达的部分，例如“农夫山泉”“奔驰”等都是知名品牌。品牌标志是指品牌中可以被识别、辨认，但不能用语言表达的部分，常常是一些符号、图案、明显的色彩或字体等。在互联网营销中品牌不仅仅是一种标志，更是一种被识别的符号。请问图 1—15 所示的哪种标志更能让你记住？

最初的设计华丽而没有力量

现代的设计简洁却深入人心

图 1—15 品牌标志的识别力

五、包装

包装是指对某一品牌商品设计并制作容器或包装物的一系列活动。包装不仅在流通过程中起到保护产品、方便储运的作用，还可以通过包装设计促进销售，成为一种推广手段。图 1—16 所示的蓝色经典包装，就推翻了传统白酒的包装局限，让消费者记住了这种蓝色风暴的白酒。

图 1—16 蓝色经典包装

图片来源：百度图库。

拓展练习

1. 图 1—17 所示的苹果品牌标志，哪个识别度更高一些？

图 1—17　苹果品牌标志

图片来源：百度图库。

2. 你能快速识别出图 1—18 是什么品牌吗？请将这个品牌的 LOGO 绘制出来，如果绘制不出，你认为原因是什么？

图 1—18　XX 维生素功能饮料

图片来源：百度图库。

任务四　价格策略

【情境导入】

旅游高峰期，商店挤满了人，可是却一件商品都没卖出去。一天店主想出城采购商品，出发前，他给销售员写了一张字迹潦草的字条："本柜台的所有珠宝，价格乘以 1/2。"

本意是降价处理，可是20天后店主回来发现所有商品销售一空。本来他也不吃惊，可是随后发现，由于字迹潦草，店员将“1/2”看成了“2”，商品都以两倍的价格卖出去了。请问为什么会出现这种情况?

知识探究

一、定价方法

定位方法是指企业在特定的定价目标指导下，依据对成本、需求及竞争状况等的研究，运用价格决策理论对产品价格进行计算的具体方法。

1. 成本定价法

成本定价法是指将制作产品的全部费用加起来进行定价的方法。该方法适用于制造商和服务商。如果企业经营有效，成本不高，此法会增加竞争力。如果企业经营不好，成本又高，此定价方法不具备竞争力。

2. 竞争价格法

除了成本，还要考虑当地同类产品价格。

二、定价策略

1. 折扣定价策略

折扣定价策略是指企业根据产品的销售对象、成交数量、交货时间、付款条件等因素的不同，给予不同价格折扣的一种价格策略，其实质是一种减价策略。这是一种舍少得多的策略，鼓励消费者购买，进而提高市场占有率。

2. 心理定价策略

心理定价策略是充分了解、分析和利用消费者不同的消费心理，在采用科学方法定价的基础上，对价格进行灵活地、艺术性地调整，从而使消费者对产品的价格更容易接受。

3. 差别定价策略

差别定价策略又称价格歧视，是指企业按照两种或两种以上不反映成本费用的比例差异的价格销售产品或服务的策略。

实战案例

戴尔电脑的定价策略

我国人口居住集中、商业网点分布密度较大、人们收入水平不高等因素决定了网上用户更关注网上所购物品比网下购物究竟能得到多少价格上的优惠。其实在美国这样的发达国家，为了降低企业成本、培育网上市场都对网上购物实行免税的政策，可见，理性消费者对价格的关注是有普遍规律的。制造商在网上进行直销一般会采用低价策略，即采用比同类产品价格低的定价方式，如戴尔电脑的定价比同性能的其他公司产品价格低10%～15%。当然，采用低价策略的前提是要开展网络营销，实施电子商务，这样才能为企业节省大量的成本费用，保持企业的可持续发展。

拓展练习

有一家裁缝店，每当有顾客对着店里的大镜子试衣服时，老板就会告诉对方，自己听力不好，并反复让客户说话大声点。只要客户喜欢上所试的衣服，问价时，他就会大声喊他的老婆（老婆是首席裁缝，在店后面）。“老婆，这件衣服多少钱?”老婆抬头看一下，抬高其真实价格，高喊：“那件漂亮的羊毛大衣 4 200 元。”老板假装没听清，用手附耳又问一遍，老婆又说 4 200 元。此时，老板转身对客户说：“她说要 2 200 元。”好多客人急忙付钱，抢先在老板发现自己错了之前离开。请问该裁缝店采用的是哪一种定价策略?

项目二　创建企业流程

学习目标

1. 知识目标

团队协作完成创办公司前置手续审批以及企业名称设置登记等工作。

2. 能力目标

掌握创业基本流程，掌握创业过程中需要的各种手续。

3. 素质目标

学会团队合作完成企业创建和企业计划书的撰写。

案例引入

舒义19岁就开始创业，读大一时就是国内最早的web 2.0创业者之一，创办过国内第一批博客网站Blogku、Bolgmedia，还创建了一个高校SNS和一家校园电子商务公司。2006年，舒义第三次创业，创办了成都力美广告有限公司，后发展为中西部最大的专业网络广告公司之一。2009年，舒义成立北京力美广告有限公司（i-Media），两年内发展为国内领先的移动营销解决方案公司，并于2011年获得IDG资本投资。目前，舒义开始尝试天使投资，投资创办过多家移动互联网公司。很多同学都希望能像舒义一样实现自己的创业梦想，那么，作为创业者应该做哪些方面的准备？需要怎样制订自己的创业计划？

任务一　企业选择与创建

情境导入

在“大众创业、万众创新”的浪潮中，80后长沙男孩卢启辉放弃年薪20万元的麦当

劳中高管职位，回到长沙创业卖包子，一群90后大学生以技术入股的形式，加入他的创业团队。如今，卢启辉的果蔬包子店在全国开了20多家连锁店，被称为“创业传奇”。请问，创建公司需要经历哪些创业流程？

知识探究

一、公司

公司具有企业的一般属性。公司必须依法成立，并在法定的经营范围内从事经营活动。

公司具有法人资格。公司具有独立的财产、组织结构、名称和住所，具有独立的民事主体资格，并且依法独立享有民事权利，承担民事义务。

1. 无限责任公司

无限责任公司一般指独资占有的企业，即我国目前法律形式上所称的“个人独资企业”。这种公司形式是一种简单的组成形式。独资者拥有全部经营权，并承担全部经营责任，万一企业经营不善，独资者的全部资产要用于抵债。

这种企业在法律上为自然人企业，不具有法人资格，它是大多数小企业广泛采用的一种组织形式。如果你想以此种形式开创企业，必定承担它所带来的风险。

(1) 责任无限。个人企业主对企业的一切债务负无限责任。这些债务可以超出独资企业的所有投资，扩大到其所有资产，包括房产和其他所有物。一旦经营失败，就有可能倾家荡产。

(2) 规模有限。这是因为企业主只有一人，而个人的出资总是有限的，再加上信用有限，不容易筹集资金以求发展，完全得靠利润的再投资。因此，这类企业的发展是有限的。再由于企业主一人管理企业，而个人的才能毕竟有限，这也影响了企业的规模。

(3) 企业不稳定。由于这类企业的生存在很大程度上取决于企业主的个人能力，因此，一旦企业主生病或者死亡，将严重影响企业的正常运转，甚至导致企业寿命的终结。

2. 合伙企业

合伙制公司，在我国称为合伙企业。合伙企业是指各合伙人通过订立合伙协议设立的共同出资、合伙经营、共享收益、共担风险，并对合伙企业债务承担无限连带责任的营利性组织。

合伙企业必须经过合伙人的同意才能成立。一般要采用书面形式，即合伙企业协议书的形式。

协议书应包括的内容：合伙人的贡献（出资额）；责任（无限或有限）以及主要任务分配；利润和损失的分摊；合伙企业股权的出售；停业关闭后如何分配资产；如何解决争端。主要包括普通合伙人和有限合伙人。

(1) 普通合伙人。普通合伙人要对企业债务负无限责任，并且从事企业的经营。每一个合伙企业至少要有一个普通合伙人，他在企业经营中起最积极的作用，有权代表企业对外签订合同。他要对公司所有债务承担最后的责任。如果企业所有者都是普通合伙人，这个企业就叫普通合伙企业。

（2）有限合伙人。有人想在合伙企业中投资又不想承担太大的风险，就可以作为有限合伙人进行投资，投入多少资本，责任就限于这些资本，有限合伙人在合伙企业中不起多大作用。有限合伙人要在协议中指明，否则就会被当作普通合伙人，对债务承担无限责任。

合伙公司设立简便，投资灵活，企业结构简单，便于管理，有利于扩大就业，满足社会需求，对发展组织具有积极作用。但是，合伙企业寿命也不容易延续很久。只要一个合伙人死亡、破产或想解散合伙企业，则整个企业必须结束，从而影响其他合伙人的利益。在管理上合伙企业也容易出现分歧。因为普通合伙人原则上都参与公司的经营，都有决策权，因而出资人的独立性就不如个人企业大，在重大问题上难免出现分歧。对外，合伙人皆可代表企业，也容易出现分歧，因此处理合伙企业的利益十分困难。另外，合伙企业不易保守业务上的秘密。由于各合伙人皆有社会关系，而且权利相等，因此不易保守业务上的秘密。同时，企业规模存在局限性。虽说合伙企业比独资企业能筹集到更多的资金，规模也比个人企业大，但其筹集资金毕竟有限，取得大量资金尤其是长期资金比较困难，影响合伙企业规模的进一步扩大。

从前面的介绍我们可以看出，个人企业和合伙企业基本上都属于小型企业，不是我们所说的真正意义上的公司。但是，创办公司，尤其是个人创办企业公司，所拥有的资金毕竟有限，不妨先从个人企业、合伙企业做起，等到个人企业或合伙企业有了一定程度的发展，有了充裕的资金和丰富的管理经验，即有一定实力以后再转为公司。

3. 有限责任公司

有限责任公司是由一定人数的有限责任股东所组成的公司。股东人数有限制。有限责任公司一般都有最高人数的规定，有限责任公司的股东，不限于自然人，法人和政府都可以成为有限责任公司的股东。股东仅就其出资额为限对公司担责。股东只对公司负有限责任，对公司的债权人不负直接责任。股东的出资额由股东自己或股东之间的协议、公司章程来决定。有限责任公司以全部资产对公司的债务承担责任。其全部资产包括公司设立时的股东出资及公司设立后经营所产生或控制的各种财产、债券和其他权利。公司对外承担的责任因此也是有限的。

公司的股份一般不能任意转让。若要进行股东出资的转让，必须经大多数股东一致同意批准，并在公司登记；对欲转让的股份，其他股东有优先购买权。公司的设立程序简便，只有发起设立而无募股设立，其成立可以由一个或几个人发起。股东的出资额需在公司成立时缴足。组织管理机构比较灵便、精简、行动迅速，其营业、解散、结业都比较简单。营业账面可以不公开，因为有限责任公司不能向公众筹集资金，因此它没有义务将经营状况公开，法律对此一般也不规定必须对外公布账目。

有限责任公司的股东因为只负有限责任，而且股东一般掌握经营权，这样就容易助长股东的投机心理，股东往往用较小的资本去冒较大的风险，赢利了大发横财，破产了则以有限责任为由损害公司债权人的利益。有限责任公司由于只负有限责任，公司的信用程度不高。股东转让股本比较困难。

4. 股份有限公司

股份有限公司是将确定的资本分为若干股份，由一定人数以上的有限责任股东所组成的公司。这是一种最典型的企业法人形式，也是迄今为止世界上最重要、最普通的一种公司形

式。公司的资本总额分为若干股份，股份是公司资本的成分，每股金额必须相等，股份是股东权利与义务的表现。股东的股息分配和投票表决都以拥有股份的多少为基础。股份是公司所拥有权益的计量单位，股东出资越大占有的股份数越多。

除此之外，股东对公司债务不负任何责任。一旦公司破产解散进行清算，公司债权人只能对公司全部资产提出要求，而无权直接向股东起诉，只有公司以全部资产对公司债务负责。公司发起人的股东人数必须不少于法律规定的最低限额。公司所有者和经营者分离。公司的设立与招股必须严格遵守法定程序。公司的账目必须公开。股份有限公司必须在每个财政年度终了时公布公司年度报告，其中包括董事会的年度报告、公司损益表和资产负债表等。因为股份有限公司广泛发行股票，股东较多，股本较大，资金雄厚，所以在经营规模、营业范围一级市场竞争能力方面都超过其他公司形式和企业形式，具有更广泛的社会性和国际性。现在的多数跨国公司都采用此种形式。

由于股份有限公司实行每股一票行使表决权的原则，公司大权容易落到少数大股东手中，易排挤小股东对公司事务的干预，从而使小股东的权益受到损害。股份有限公司的社会关系和内部机构复杂，公司运转缓慢，行政费用高，而且创建困难，组建费用也高，账目不能保密。

二、企业创建流程

企业创建流程如图 2—1 所示。

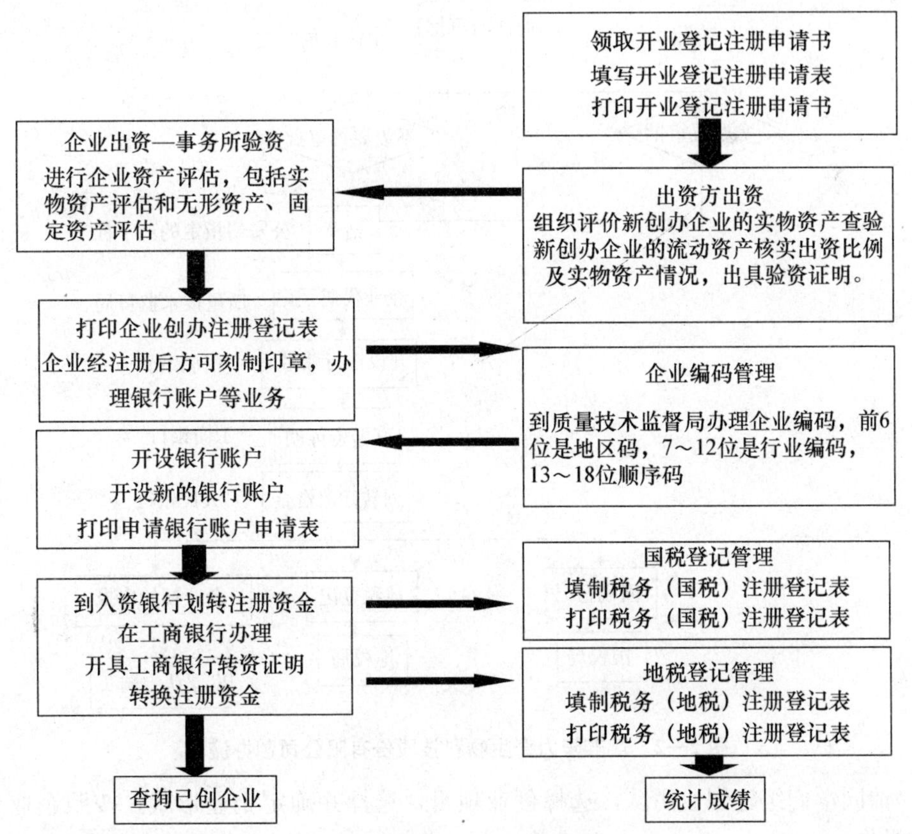

图 2—1　企业创建流程

拓展练习

1. 江苏隆力奇生物科技股份有限公司是目前中国规模最大、技术力量最先进的日化产品、养生保健品的研究、开发和产销基地之一，产品远销全球50多个国家和地区，并在海外20多个国家和地区建立有分公司。公司拥有员工1.2万余名，其中大学生、研究生、博士生和专家的比例超过35%。28年来，公司始终健康、稳定地向前发展，成为日化和养生保健行业的全球知名品牌。江苏隆力奇生物科技股份有限公司作为一家内资企业，它的创办流程是怎么样的呢？（请参考图2—2）

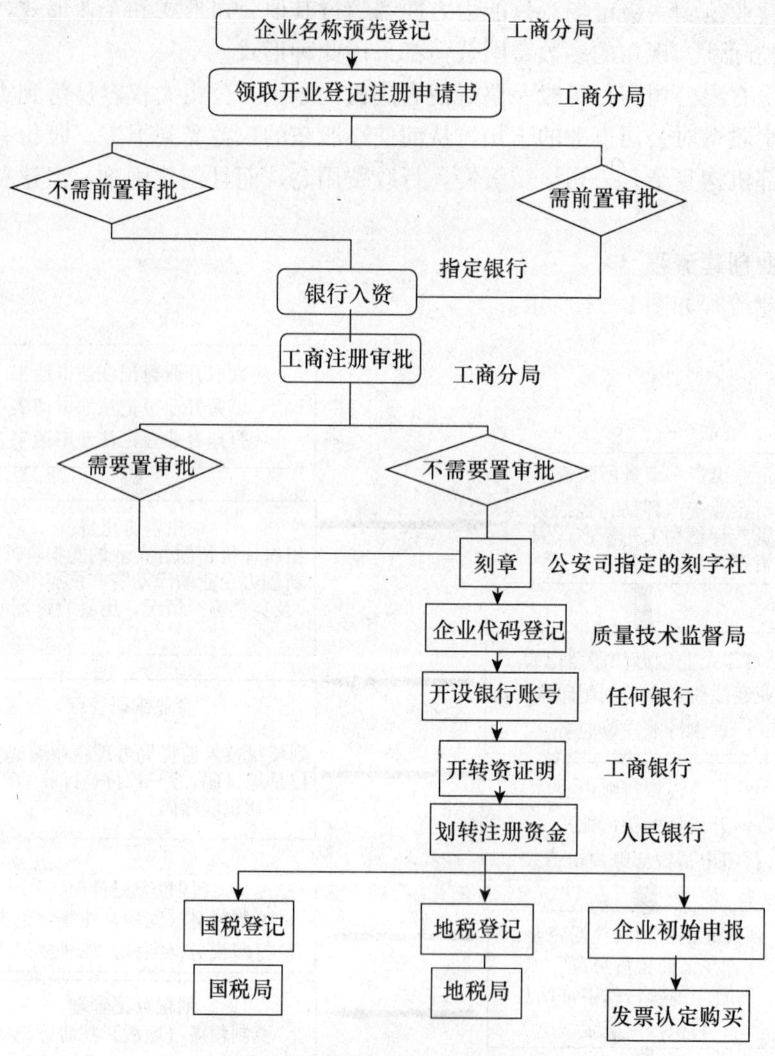

图2—2 江苏隆力奇生物科技股份有限公司创办流程

2. 请同学们组建创业团队，选择创业项目，选择并确定企业形式，按照企业创建流程模拟操作。

任务二　企业名称预先登记

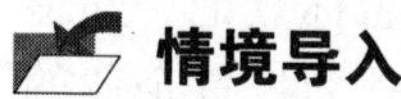

情境导入

有一群小伙伴搭建了一个针对在校大学生的生活服务平台。这个平台由开发运营团队的 30 个人、一个 APP、一个微信公众号、一个网站、众多商家组成。刚一开始他们想开一家超市，但多数人又认为虽然开超市能挣钱，但没意思，不如做一个“O2O”的生活服务平台，就从送外卖开始。大家一拍即合，接下来的问题是企业起什么名字。请问企业名称应该如何设置？

知识探究

一、企业名称

一般而言，企业名称应当由行政区划、字号（或者商号）、行业或者经营特点、组织形式依次组成，法律法规另有规定的除外。例如，辽宁丹东一达软件技术有限公司，“辽宁丹东”为行政区划，“一达”为字号，“软件技术”为行业，“有限公司”为组织形式，如图 2—3 所示。

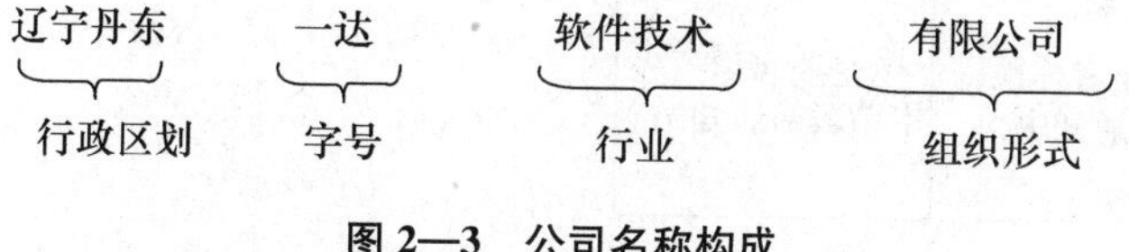

图 2—3　公司名称构成

1. 行政区划

行政区划即本企业所在地省（包括自治区、直辖市）或者市（包括州）或者县（包括市辖区）行政区划名称。

2. 公司字号

企业名称的区别作用主要体现在字号上，企业名称中给人印象最深的也是字号。字号作为一种标识，本身不需要有任何意义，因为它只不过是一种文字的组合，任何一个汉字都可以与另一个汉字组成字号。但由于汉字具有表意性，不同的汉字组合可以表达出不同的含义。企业有正当理由可以使用本地或者异地地名作为字号，但不得用行政区作为字号，县以上行政区具有其他含义的除外。企业名称可以使用自然人、投资人的姓名作为字号。

由于公司名称是公司标识，公司名称代表着某个公司或公司产品或服务。公司良好的商业信誉给公司带来的经济效益无形地转移到公司名称上，使公司名称具有了一定的价值，成为一种独立的财产。这种价值使公司名称作为无形资产可以转让。因此，公司名称中最显著的部分是字号，最有价值的也是字号。如可口可乐公司最有价值的是字号。由于汉字本身的这些特点，登记主管机关在审查字号时，对使用具有不良文化的字号不予核准。

二、企业名称登记

企业名称登记包括两种：一种是企业新名称登记；另一种是企业变更名称登记。知道了企业名称的构成及起名的有关规范之后，需要进行企业名称登记程序。外商投资企业的企业名称登记程序如图 2—4 所示。新企业名称登记首先需进行企业名称预先核准申请，核准通过后，凭借《企业名称预先核准通知书》进行企业名称登记。

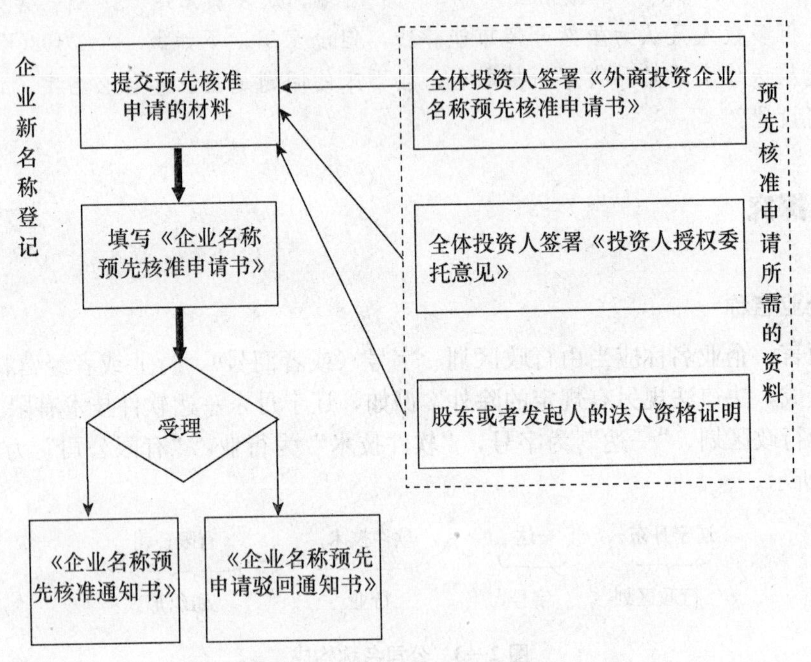

图 2—4　企业名称登记程序

三、企业名称预先核准步骤

申请企业名称预先核准，应当由全体出资人、合伙人、合作者（以下统称投资人）指定的代表或者委托的代理人，向有名称核准管辖权的工商行政管理机关提交《企业名称预先核准申请书》，如图 2—5 和图 2—6 所示。具体步骤如下：

（1）名称查询申请人交查询费用后向登记机关领取《企业（公司）名称查询表》，按要求填写后到名称核准窗口办理名称查询。

（2）领表申请人直接向登记机关领取《企业名称预先核准申请书》，并按要求填写。

（3）提交材料。

（4）受理审查企业登记机关在收齐申请人应当提交的上述材料后，发给编有申请号码的《工商企业（公司）申请登记受理收据》。从受理之日起 10 个工作日内企业登记机关做出核准或驳回的决定。

（5）申请人凭《工商企业（公司）申请登记受理收据》到指定窗口领取《企业名称预先核准通知书》或《企业名称预先申请驳回通知书》。

企业名称预先核准申请书

申请企业名称：
备选企业名称（请选用不同的字号）：
1.
2.
3.
4.
5.
主要经营业务（只需填写与企业名称行业表述一致的主要业务项目）：

注册资本：
企业类型：
住所：
投资人姓名或名称、证照号码、投资额和投资比例（投资人写不下的，可另备页面载明并签名盖章）：

中华人名共和国工商行政管理总局制
（正面）

图 2—5　《企业名称预先核准申请书》正面

申请人授权委托意见

兹委托（我单位/代理机构/自然人股东）　　　　　前来办理企业名称预先核准事宜。

授权期限为：

授权权限如下：（同意的，在括号内签署“同意”；不同意的，在括号内签署“不同意”，选择两项以上同意或有空括号未填写的，本授权委托意见无效。）

1.全权办理企业名称预先核准，但不得修改本申请书任何文字内容。（　　　）

2.全权办理企业名称预先核准，授权修改本申请书出现的错误字、遗漏和误加的文字。（　　　）

3.全权办理企业名称预先核准，如申请的企业名称未能核准，授权修改、增加或减少企业名称字词表述。（　　　）

4.全权办理企业名称预先核准，授权修改本申请书任何内容和文字表述。（　　）

代办人或代理人身份证复印件粘贴处

代办人或代理人签名：
联系电话：
通信地址及邮政编码：

（全体投资人签名盖章处）
年　　月　　日

中华人名共和国工商行政管理总局制
（反面）

图 2—6　《企业名称预先核准申请书》反面

拓展练习

通过本任务的学习，请创业团队完成《企业名称预先核准申请书》的填写。

任务三 企业前置审批

情境导入

普通打印是平面打印，3D打印是逐层打印，3D打印通过叠加的方式来构造立体物体。大三时，丁齐全利用学院实验室的3D打印机自学了打印技术，并成立了公司，帮客户将创意变成实物。在电脑上输入需打印的字，通过软件转换成三维图形，再导入3D打印机，机器启动后，一个圆锥状的喷头一边快速推移，一边吐出红色的热塑料溶液。那么，在准备办理营业执照的时候，该公司是否需要办理相关的前置手续？

知识探究

企业前置审批项目主要包括主体资格、农林牧副渔、矿产资源、交通运输、强制及爆破器材、化工、医疗医药卫生、劳动、金融保险证券、邮政电信、广播电影电视、新闻出版、文物文化娱乐、旅游、民政、中介服务、国内贸易、外经贸、环境保护19类前置审批项目，每一类前置审批项目还包括多个前置审批子项目，每个需前置审批项目都有其对应的前置审批法律、行政法规依据，有相应的审批部门和审批文件形式。如“主体资格”前置审批项目包括：“设立国有独资公司，设立股份有限公司”“设立全民所有制工业企业”。其中，“设立国有独资公司，设立股份有限公司”审批项目的审批部门是“国务院授权的部门或者省级人民政府”，批准文件形式是“批文”，前置审批的依据是《中华人民共和国公司法》。

拓展练习

寿司是日本料理中独具特色的一种食品。制作时，把新鲜的海胆黄、鲍鱼、牡丹虾、扇贝、鲑鱼籽、鳕鱼鱼白、金枪鱼、三文鱼等海鲜切成片放在雪白香糯的饭团上，一揉一捏之后再抹上鲜绿的芥末酱，最后放到古色古香的瓷盘中。现在有几个小伙伴打算合作开网络寿司店，请问需要办理前置手续吗？

任务四 会计师事务所验资

情境导入

校园快销品和零售行业的市场比较大，小王决定和同学一起找个门面，做一个 O2O 的互联网平台，通过网络为高校学生送餐、送零食。于是，小王创办了望城科技有限责任公司。学生用手机微信关注“小王商城”，进入页面后，选择自己喜爱的东西，在线付款后，小王马上把商品送过去，这样的送餐、送零食模式得到了大学生的喜爱。在创办企业的过程中，小王需要进行企业验资，那么，新设内资企业验资需要提交什么材料？它的过程是怎样的？

知识探究

一、新设内资企业验资所需资料

（1）资金银行加盖公章的账单复印件（需原件核对）1 份。

（2）企业注册资本（金）入资专用存款账户余额通知书原件 1 份。

（3）银行询证函原件（由会计师事务所提供）。《企业名称预先核准通知书》复印件 1 份。

（4）自然人股东身份证（法人股东营业执照副本）复印件 1 份。

（5）公司章程复印件 1 份。

（6）以实物或无形资产出资的需提供相关的评估报告及出资各方对资产价值的确认文件原件。以高新技术成果出资的需提供政府有关部门的审查认定原文件。以非货币资金出资的，需提供出资者对其出资资产的权属说明及未设定担保等事项的书面声明原件。

二、银行验资的一般过程

（1）到工商部门申请企业名称预登记。（2）凭工商部门的预登记资料到银行开立验资临时户。（3）以缴款单的形式将资金缴至验资临时户，缴款人填投资人名称，并按投资比例分股东缴款。（4）由会计事务所提供银行询证函给银行，在资金到位的次日，银行可将询证函盖章，办理工商、税务、组织机构代码等手续。（5）将办妥的工商税务代码证等提供给银行，银行到当地人民银行办理基本户审批手续。基本户审批后即可申领支票、使用账户的验资资金。

拓展练习

通过本任务的学习，将银行验资流程绘制成流程图。

任务五 企业登记

情境导入

奶茶遇到中药，会发生什么变化？在山西省中医学院，一位22岁的女大学生张林芳，学以致用，让二者相遇，呈现出一杯杯味道可口又健康养生的中药奶茶。她带领同学们创业，在校园开了一家橘井奶茶店。该企业在完成企业名称的申请和前置审批后，就要到工商行政管理部门进行企业登记。请问申请企业登记的时候，申请人需要提交哪些材料？

知识探究

一、个人独资企业登记注册应提交的材料

在我国，无限责任公司称为个人独资企业，该类企业的设立登记需要提交七类资料：投资人签署的个人独资企业设立登记申请书；投资人身份证明；企业住所证明；名称预先核准通知书；聘用财务人员的协议书或与会计事务所签署的代为管理财务的协议；指定（委托）书；从事经市人民政府公布需要进行前置审批的项目的，应当提交有关部门的批准文件。

二、个人独资企业变更登记应提交的材料

个人独资企业申请变更登记需提交：投资人签署的个人独资企业变更登记申请书和个人独资企业营业执照正副本。根据不同的变更事项还应提交：

变更名称：名称变更预先核准通知书。

变更住所：新的企业住所证明。

变更投资人：转让协议书或法定继承文件。

变更投资人的姓名或住所：提交相应的证明文件。

变更经营范围：从事经市人民政府公布需要进行前置审批的项目的，应当提交有关部门的批准文件。

三、合伙企业登记注册应提交的材料

在我国，合伙制公司称为合伙企业，申请合伙企业需要提交以下文件和证件：

全体合伙人签署的设立登记申请书；全体合伙人的身份证明；指定（委托）书；合伙协议；出资权属证明；场所证明；《企业名称预先核准通知书》；合伙协议约定或者全体合伙人决定，委托一名或者数名合伙人执行合伙企业事务的，还应提交全体合伙人的委托书；经营范围中含有市人民政府公布需要进行前置审批的项目，应当提交有关部门的批准文件。

四、合伙企业变更登记应提交的材料

合伙企业变更登记应提交的材料：变更登记申请书、全体合伙人签署的变更决定书或者变更事由发生的证明文件、指定（委托）书。根据不同的变更事项还应提交：

名称变更：名称变更预先核准通知书。

合伙人变更：新的合伙人身份证明。

合伙企业事务执行人变更：全体合伙人的委托书。

经营场所变更：新的经营场所证明。

经营范围变更：含有市人民政府公布需要进行前置审批的项目，应当提交有关部门的批准文件。

修改后的合伙协议。

五、个人独资企业和合伙企业登记注册

设立个人独资企业或合伙企业，一般要经以下步骤：

第一步，咨询后领取并填写《企业名称预先核准申请书》、《指定（委托）书》，同时准备相关材料；

第二步，递交名称登记材料，领取《名称登记受理通知书》，等待名称核准结果；

第三步，按《名称登记受理通知书》确定的日期领取《企业名称预先核准通知书》，同时领取《企业设立登记申请书》；

第四步，经营范围涉及前置审批的，办理相关审批手续；

第五步，递交申请材料，材料齐全后领取《受理通知书》，按《受理通知书》确定的日期交纳登记费并领取执照。

拓展练习

小 A 在学校附近租了房子并进行了简单的装修，然后开始了自己的“裁缝生涯”。他从旧货市场淘来脚踩式缝纫机，买来布料，做了十几套“海式”旗袍，在微博和朋友圈发了些照片，准备开设旗袍工作室。请帮助小 A 完成工作室的创办。

任务六 刻制印章

情境导入

教育部加大学生自主创业支持力度，下发了《教育部关于做好 2015 年全国普通高等学校毕业生就业创业工作的通知》，要求全面推进创新创业教育和自主创业工作。很多同学打算自主创业创办企业，请问新创办的企业需要刻制哪些印章？

知识探究

刻制国务院直接批准的全国性公司公章的，应出具国务院批文、营业执照正本原件及复印件、经办人身份证件原件及复印件。

股份制企业、有限责任公司的参股股东中包括法人股的，应出具其中一家法人单位介绍信，营业执照副本原件，章样一式两份；参股股东中无法人股的，即全部为自然人参股的，应由法人代表办理，出具本人身份证原件及复印件各一份，营业执照副本原件、复印件各一份，章样一式两份。

中外合资、合作企业需持中方合资单位刻制公章的介绍信，营业执照副本原件，经办人的有效身份证及复印件，章样一式两份。

外商独资企业需持所在区县对外经济贸易委员会介绍信，营业执照原件及副本，董事长的护照复印件，代理单位出具的刻制公章的介绍信，董事长签字的办理刻制公章事宜的委托书原件，经办人的有效身份证及复印件，章样一式两份。

公司分支机构需持企业单位介绍信，分支机构营业执照原件及副本，经办人身份证及复印件，章样一式两份。

公司内设机构需持本单位介绍信，单位营业执照副本原件，章样一式两份。

刻制公司或单位使用的报关、合同、发票、财物等各类涉及经济的专用章，需有关上级单位介绍信、营业执照及经办人身份证原件及复印件。

公司申请刻制公章所提交的营业执照、登记证、介绍信、申请书中的企业名称应完全一致，不允许有同音或同义字，以免产生歧义。如果不一致，有关部门不会审批。

拓展练习

小 A 在学校附近租了房子并进行了简单的装修，然后开始了自己的“裁缝生涯”。他从旧货市场淘来脚踩式缝纫机，买来布料，做了十几套“海式”旗袍，在微博和朋友圈发了些照片，准备开设旗袍工作室。请问小 A 需要刻制哪些印章?

任务七　办理组织机构代码证书

情境导入

上大三的小王接手了学校边上的一家川菜馆，并改建成一家火锅店，在创建企业之初小王被告知需要办理组织机构代码证书，请问他该如何办理?

知识探究

一、组织机构代码

组织机构代码证书包括正本、副本和电子副本（IC 卡）。代码证电子副本（IC 卡）是组织机构代码证书的电子载体。

1. 提交的材料

（1）营业执照副本原件及复印件（需 A4 纸）。

（2）法人身份证复印件。

（3）单位公章。

（4）单位证明。

（5）企业产品执行标准登记证。

（6）组织机构代码申请表。

2. 办理流程

组织机构代码证书办理流程如图 2—7 所示。

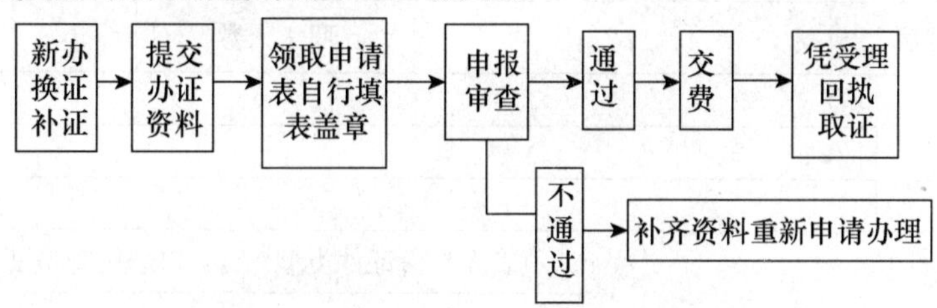

图 2—7　组织机构代码证书办理流程

二、组织机构代码申请表

下面以《辽宁省组织机构代码申请表》和《小型微型企业认定申请表》为例介绍一下相关内容，见表 2—1、表 2—2。

表 2—1　　辽宁省组织机构代码申请表

公章

机构代码 □□□□□□□□ □

申办类别：新办 □　名称变更 □　到期换证 □

信息是否涉密：□是　□不是　　补证 □　地址变更 □　法人代表变更 □

申办单位填写：

<table>
<tr><td>组织机构
名　称</td><td colspan="5"></td></tr>
<tr><td rowspan="2">法人代表
（负责人）</td><td rowspan="2" colspan="2"></td><td>法定代表人
（负责人）身份证件类型</td><td colspan="2">□居民身份证　其他______</td></tr>
<tr><td colspan="3">□□□□□□□□□□□□□□□□□□</td></tr>
<tr><td>经营（业务）
范围或工作职能</td><td colspan="5"></td></tr>
<tr><td colspan="2">成立日期□□□□年□□月□□日</td><td colspan="2">有效期至□□□□年□□月□□日</td><td>职工人数</td><td></td></tr>
<tr><td>主管部门</td><td colspan="5">□□□□□□□□ — □</td></tr>
<tr><td>注册（开办）资金</td><td>（万元）</td><td>货币种类</td><td>□□□</td><td>外方国别</td><td>□□□</td></tr>
<tr><td rowspan="2">单位住址</td><td colspan="5">行政区划 辽宁省______市______区（县）□□□□□□ 邮编</td></tr>
<tr><td colspan="5"></td></tr>
<tr><td>联系方式　电话</td><td colspan="2"></td><td>传　真</td><td colspan="2"></td></tr>
<tr><td>联系方式　电子邮箱</td><td colspan="2"></td><td>网　址</td><td colspan="2"></td></tr>
<tr><td>登记批准机构</td><td colspan="2"></td><td colspan="2"></td><td></td></tr>
</table>

续前表

<table>
<tr><td>登记批准文号或注册号</td><td colspan="2"></td><td>申请副本、IC卡数量</td><td>个（IC卡 个）</td></tr>
<tr><td>投资国别或地区</td><td colspan="2"></td><td>职工人数</td><td></td></tr>
<tr><td rowspan="3">主要产品
（限生产企业）</td><td colspan="4">①</td></tr>
<tr><td colspan="4">②</td></tr>
<tr><td colspan="4">③</td></tr>
<tr><td rowspan="2">填表人</td><td rowspan="2">签字：
电话　　　　　　年　月　日</td><td colspan="2">填表人身份证件类型</td><td>口居民身份证　其他______</td></tr>
<tr><td colspan="3"></td></tr>
<tr><td colspan="5">申办单位取证时填写：</td></tr>
<tr><td>申办单位取证（卡）人</td><td colspan="4">年　月　日</td></tr>
<tr><td colspan="5">发证机构填写：</td></tr>
<tr><td>机构类型</td><td></td><td>受理人</td><td colspan="2">年　月　日</td></tr>
<tr><td>经济行业</td><td></td><td>审核人</td><td colspan="2">年　月　日</td></tr>
<tr><td>经济类型</td><td></td><td>录入人</td><td colspan="2">年　月　日</td></tr>
<tr><td>备　　注</td><td></td><td>登记号</td><td colspan="2"></td></tr>
</table>

表2—2　　　　　　　　　　　　小型微型企业认定申请表

编号：

<table>
<tr><td colspan="2">企业名称：</td><td>组织机构代码：</td></tr>
<tr><td>企业声明</td><td colspan="2">本企业属　□农、林、牧、渔业　□工业
□建筑业　□批发业
□零售业　□交通运输业
□仓储业　□邮政业
□住宿业　□餐饮业
□信息传输业　□软件和信息技术服务业
□房地产开发经营　□物业管理
□租赁和商务服务业　□其他未列明行业
本企业属于□小型企业□微型企业，并保证提交的材料真实有效。依照国家相关规定享受减免代码证书费优惠政策。

（公章）

经办人：　　　　　　　年　　月　　日</td></tr>
<tr><td colspan="3">代码机构核准意见

（公章）
审核人：　　　　　　　年　　月　　日</td></tr>
</table>

拓展练习

完成任务七中的《组织机构代码申请表》和《小型微型企业认定申请表》的填写，并结合所在省市完成一份所在城市的组织机构代码申报表的填写。

任务八　开设银行账户

情境导入

根据现行国家有关制度规定，每个独立核算的经济单位都要在银行开户，那么，开户的手续是怎样的？

知识探究

一、开户手续

(1) 提交组织机构代码证书原件和复印件。

(2) 提交企业法人营业执照副本复印件（和原件）。

(3) 提交法定代表人身份证原件及复印件。

(4) 提交公章、财务章、法人人名章。

(5) 提交公司会计照片一张（1寸）。

(6) 提交开户申请登记表（盖企业法人公章、财务专用章、法定代表名私章）。

(7) 填写银行开户印鉴卡（盖企业法人公章、财务专用章、法人代表人名章）。

(8) 提交国税、地税登记证（部分银行可以不用）。

二、办理企业账户的程序

凡经工商行政管理机关批准，领有营业执照，拥有经营场地的企业都可以向银行申请开设账户，其程序如图 2—8 所示。

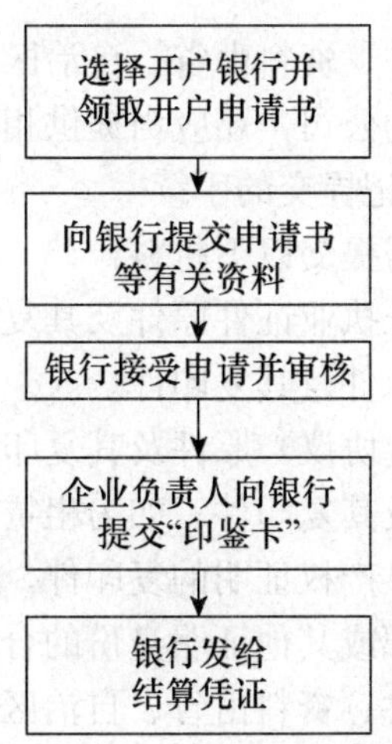

图 2—8　办理企业账户流程

拓展练习

根据团队创办企业的性质，选择办理银行账户事宜。

任务九　税务登记

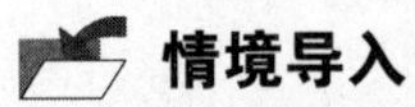

情境导入

根据现行国家有关制度规定，每个独立核算的经济单位都要办理税务登记，那么，办理税务登记的手续是怎样的？

知识探究

一、企业办理税务登记需提交的手续

1．个体企业办理税务登记提交的手续

个体企业办理税务登记时需提交的文件有：

（1）营业执照副本或其他核准执业证件原件及其复印件。

（2）业主身份证原件及其复印件。

（3）企业代码证。

（4）房产证明（产权证、租赁协议）原件及其复印件；如为自有房产，提供产权证或买卖契约等合法的产权证明原件及其复印件；如为租赁的场所，提供租赁协议原件及其复印件，出租人为自然人的还需提供产权证明的复印件。

（5）企业税务登记表。

（6）需要提供的其他有关证件、资料由省、自治区、直辖市税务机关确定。

（7）属于享受税收优惠政策的公司，还应当提供相应的证明、资料。

2．个人合伙企业办理税务登记提交的手续

个人合伙企业办理税务登记需提交以下材料：

（1）营业执照副本或其他核准执业证件原件及其复印件。

（2）组织机构代码证书副本原件及其复印件。

（3）房产证明（产权证、租赁协议）原件及其复印件；如为自由房产，提供产权证或买卖契约等合法的产权证明原件及其复印件；如为租赁的场所，提供租赁协议原件及其复印件，出租人为自然人的还须提供产权证明的复印件。

（4）负责人居民身份证、护照或其他证明身份的合法证件原件及其复印件。

（5）需要提供的其他有关证件、资料由省、自治区、直辖市税务机关确定。

（6）属于享受税收优惠政策的公司，还应当提供相应的证明、资料。

3．内资企业办理税务登记提交的手续

内资企业办理税务登记时需提交的文件有：

(1) 适用于内资企业的《税务登记表》一式三份。

(2)《企业法人营业执照》或其他核准执业证件原件及其复印件一份。

(3) 企业法人代表(负责人)居民身份证、护照或其他证明身份的合法证件原件及复印件一份,复印件分别粘贴在税务登记表的相应位置上。

(4) 技术监督部门颁发的《组织机构代码证》副本原件及复印件一份。

(5) 公司合同或章程复印件。

(6) 注册地址及生产、经营地址证明(产权证、租赁协议)原件及其复印件;如为自有房产,提供产权证或买卖契约等合法的产权证明原件及其复印件;如为租赁的场所,提供租赁协议原件及其复印件,出租人为自然人的还须提供产权证明的复印件;如生产、经营地址与注册地址不一致,需分别提供相应证明。

(7) 纳税人的关联企业的名单、相互关系及地址。

(8) 会计人员会计证及复印件一份。

(9) 纳税人登记表。

(10) 有关机关出具的验资报告或评估报告原件及其复印件。

(11) 主管税务机关要求提供的其他有关证件、资料。

(12) 属于享受税收优惠政策的公司,还应当提供相应的证明、资料。

(13) 纳税人跨县(市)设立的分支机构办理税务登记时,还须提供总机构的税务登记证(国、地税)副本的复印件。

二、税务登记的基本程序

纳税人办理税务登记的步骤分别是提供所需文件申请办理税务登记、填写《税务登记表》并领取税务登记证、领税务登记证后的工作。

1. 申请办理税务登记

纳税人主动向所在地税务机关提出申请登记报告,并出示工商行政管理部门核发的工商营业执照和有关证件,领取统一印制的《税务登记表》(一式三份),如实填写有关内容,经加盖印章后作为登记申报,报送主管税务机关。

2. 填写《税务登记表》并领取税务登记证

税务机关对纳税人的申请登记报告、税务登记表、工商营业执照及有关证件审核后,即可准予登记,并发给纳税人税务登记证。

3. 领税务登记证之后的工作

应把税务登记证悬挂在营业场所,亮证经营。生产经营活动需到外县(市)进行的,必须持所在地税务机关填发的外出经营活动税收管理证明,向营业地税务机关报验登记,接受税务管理。

由于税务机关对税务登记证件实行定期验证和换证制度,纳税人必须在规定的期限内持有关证件到主管税务机关办理验证或换证手续。

另外,根据《中华人民共和国税收征收管理法》和《中华人民共和国税收征收管理法实施细则》的规定,依照税收法律,行政法律规定负有代扣代缴、代收代缴税款义务的,除应依法进行税务登记外,应当自扣缴义务发生之日起30日内,向所在地税务机关申报办理代扣(收)税登记,领取代扣代缴或代收代缴凭证。

三、纳税申报

纳税申报是纳税人为了正确地履行纳税义务，扣缴义务人为了正确履行代扣代缴、代收代缴义务，将发生的纳税事项或者代扣代缴、代收代缴事项向税务机关提出书面申报的一项法定手续。也就是说，企业领到营业执照开始生产经营活动之后，在一定期限内应向税务机关申报。

1. 纳税申报程序

我国税法规定，纳税人无论有无应税收入和所得，扣缴义务人无论有无代扣代缴、代收代缴税款，都必须在税收法律、行政法规规定的期限内，或者在当地主管税务机关依照税收法律、行政法规规定的期限内，到当地主管税务机关办理纳税申报，按规定报送有关资料。例如，纳税登记表、财务会计报表、代扣代缴、代收代缴税款报告表等。但是纳税人（不包括扣缴义务人）由于各种客观原因亲自到当地主管税务机关办理纳税申报有实际困难的，经主管税务机关批准，也可以邮寄申报。邮寄申报以寄出地的邮戳日期为实际申报日期。

2. 纳税申报内容

（1）税种、税目。

（2）应税项目或者应代扣代缴税款项目。

（3）适用税率或单位税额。

（4）计税依据。

（5）扣除项目及标准。

（6）应纳税额或者应代扣代缴、代收代缴税额。

（7）税款所属期限。

（8）其他。

3. 纳税申报提交的材料

（1）财务、会计报表及其说明材料。

（2）与纳税有关的合同、协议书。

（3）外出经营活动税收管理证明。

（4）境内或境外公证机构出具的有关证明文件。

（5）税务机关规定应当报送的其他证件、资料。

4. 纳税申报期限

纳税人和扣缴义务人办理纳税申报的期限要求由税收实体法律、行政法规的规定决定。不同的税种有不同的纳税申报期限要求。

四、税务登记证的填写

下面以个体经营税务登记为例介绍如何填写税务登记证。

1. 适用范围

《税务登记表（适用个体经营）》适用于个体工商户、个人合伙企业进行税务登记时填用。

2. 填表期限

从事生产、经营的纳税人应当自领取营业执照，或者有关部门批准设立之日起 30 日内，或者自纳税义务发生之日起 30 日内，到税务机关领取税务登记表，填写完整后提交税务机关，办理税务登记。

3. 填写规范

具体的填写规范如下：

（1）纳税人在税务机关申报办理税务登记，完整、真实、准确、按时地填写此表，并承担相关法律责任。

（2）使用碳素或蓝墨水的钢笔填写。

（3）本表一式两份（国地税联办税务登记的表一式三份），税务机关留存一份，退回纳税人一份（纳税人应妥善保管，验换证时须携带查验）。

（4）纳税人名称应按工商行政管理部门注册登记的营业执照或有关核准执业证书上的全称填写。

（5）一般填写居民身份证号码，如无身份证，则填写“军官证”“士兵证”“护照”等有效身份证件号码。

（6）国际行业按纳税人从事生产经营行业的主次顺序填写，其中第一个行业填写纳税人的主行业。行业遵循国民经济行业分类与代码（GB/T4754—2011）。

（7）“注册地址”栏按工商营业执照或其他有关核准开业证照上的地址填写。

（8）经营方式、登记注册类型、隶属关系、行业应按相应代码内容填写。

（9）“生产经营地址”栏填写办理税务登记的机构生产经营地的地址。

（10）注册资本填写登记单位登记的注册资本总额。

（11）开业日期按企业实际投产经营（含试生产、试营业）日期填写，尚未投资营业的可按计划日期填写，并予注明。

（12）合伙人投资情况中的“国籍或地址”栏，外国投资者填国籍，中国合伙人填地址。

（13）合计报表种类按《企业会计制度》要求填写应报送的报表名称。

（14）低值易耗品摊销方法、折旧方式按《企业会计准则》规定，制定本企业的核算方法。

（15）税务登记有效期限填写为长期。

4. 其他需要注意的事项

（1）对纳税人填报的登记表格、提供的证件和资料，税务机关应当自受理之日起 30 日内审核完毕；符合规定的予以登记，发给税务登记证或注册税务登记证及其副本，并分别填制税种登记表，确定纳税人所适用的税种、税目、税率、报缴税款的期限、征收方式和缴库方式等，逐户建立档案。

（2）税务机关颁发给公司的税务登记证件分两种；一是税务登记证，发给从事生产经营，并经工商行政管理部门核发营业执照的纳税人（包括纳税人的分支机构）；二是注册税务登记证，发给从事非生产、经营（除临时取得应税收入或发生应税行为以及只缴纳个人所得税、车船使用税以外）的纳税人。

（3）无论是税务登记证还是注册税务登记证，都是由登记证及其副本组成的。对于一个纳税人来讲，一般只发一个税务登记证正本和副本。对特别需要的，可以发给一个正本和几个副本，但要经县级税务局批准。

（4）国民经济行业分类与代码（GB/T 4754—2011）对行业分类的规定如表 2—3 所示。

表 2—3　　国民经济行业分类与代码

A　一农、林、牧、渔业
01一农业　02一林业　03一畜牧业　04一渔业　05一农林牧渔服务业
B一采矿业
06一煤炭开采和洗选业　07一石油和天然气开采业　08一黑色金属矿采选业
09一有色金属矿采选业　10一非金属矿采选业　11一开采辅助活动　12一其他采矿业
C一制造业
13一农副食品加工业　14一食品制造业　15一饮料制造业　16一烟草制品业
17一纺织业　18一纺织服装、鞋、帽制造业　19一皮革、毛皮、羽毛（绒）及其制品业
20一木材加工及木、竹、藤、棕、草制品业　21一家具制造业　22一造纸及纸制品业
23一印刷业和记录媒介的复制　24一文教体育用品制造业
25一石油加工、炼焦及核燃料加工业　26一化学原料及化学制品制造业
27一医药制造业　28一化学纤维制造业　29一橡胶和塑料制品业
30一非金属矿物制品业　31一黑色金属冶炼和压延加工业
32一有色金属冶炼和压延加工业　33一金属制品业　34一通用设备制造业
35一专用设备制造业　36一汽车制造业　37一铁路、船舶、航空航天和其他运输设备制造业
38一电气机械和器材制造业　39一计算机、通信和其他电子设备制造业
40一仪器仪表制造业　41一其他制造业　42一废弃资源综合利用业
43一金属制品、机械和设备修理业
D一电力、燃气及水的生产和供应业
44一电力、热力生产和供应业　45一燃气生产和供应业　46一水的生产和供应业
E一建筑业
47一房屋建筑业　48一土木工程建筑业　49一建筑安装业　50一建筑装饰和其他建筑业
F一批发和零售业
51一批发业　52一零售业
G一交通运输、仓储和邮政业
53一铁路运输业　54一道路运输业　55一水上运输业　56一航空运输业
57一管道运输业　58一装卸搬运和运输代理业　59一仓储业　60一邮政业
H一住宿和餐饮业
61一住宿业　62一餐饮业
I一一信息传输、软件和信息技术服务业
63一电信、广播电视和卫星传输服务　64一互联网和相关服务　65一软件和信息技术服务业
J一金融业
66一货币金融服务　67一资本市场服务　68一保险业　69一其他金融活动
K一房地产业
70一房地产业
L一租赁和商务服务业
71一租赁业　72一商务服务业
M一科学研究、技术服务和地质勘察业
73一研究与试验发展　74一专业技术服务业　75一科技交流和推广服务业
N一水利、环境和公共设施管理业
76一水利管理业　77一生态保护和环境治理业　78一公共设施管理业
O一居民服务和其他服务业
79一居民服务业　80一机动车、电子产品和日用产品修理业　81一其他服务业
P一教育
82一教育
Q一卫生、社会保障和社会福利业
83一卫生　84一社会工作
R一文化、体育和娱乐业
85一新闻出版业　86一广播、电视、电影和音像业　87一文化艺术业　88一体育　89一娱乐业
S一公共管理与社会组织
90一中国共产党机关　91一国家机构　92一人民政协和民主党派

拓展练习

1. 按照实际流程，完成企业的创建，申请工商执照并完成团队组建。
2. 完成《企业名称预先核准申请书》的填写，见表2—4。

表2—4　　企业名称预先核准申请书

<table>
<tr><td>申请企业名称</td><td colspan="2"></td></tr>
<tr><td rowspan="3">备选企业名称
（请选用不同的字号）</td><td colspan="2">1.</td></tr>
<tr><td colspan="2">2.</td></tr>
<tr><td colspan="2">3.</td></tr>
<tr><td>经营范围</td><td colspan="2">许可经营项目：
一般经营项目：
（只需填写与企业名称行业表述一致的主要业务项目）</td></tr>
<tr><td>注册资本（金）</td><td colspan="2">（万元）</td></tr>
<tr><td>企业类型</td><td colspan="2"></td></tr>
<tr><td>住所所在地</td><td colspan="2"></td></tr>
<tr><td colspan="2">指定代表或者委托代理人</td><td></td></tr>
<tr><td colspan="3">指定代表或委托代理人的权限：
1. 同意□不同意□核对登记材料中的复印件并签署核对意见；
2. 同意□不同意□修改有关表格的填写错误；
3. 同意□不同意□领取《企业名称预先核准通知书》。</td></tr>
<tr><td colspan="2">指定或者委托的有效期限</td><td>自　　年　月　日至　　年　月　日</td></tr>
</table>

应用篇

项目三　选择电子商务创业模式

学习目标

1. 知识目标

完成电子商务创业模式的选择，能够根据实际创业内容完成项目管理和分析。

2. 能力目标

能够组建创业团队，选择电子商务创业模式进行创业，并能合理安排初始资金。

3. 素质目标

学会通过团队合作的方式完成电子商务创业模式的设置。

案例引入

我国计划 2020 年实现全面建成小康社会、进入创新型国家行列的宏伟目标。每年毕业的几百万高校学生，经过几年的磨炼将成为各行各业的中坚力量，承载国家发展的责任。那么如何引导大学生开展创新创业教育、如何培育学生创业创新能力成为关键。请问，如何引导学生结合专业实施创业？如何选择创业项目？

任务一　选择电子商务项目

情境导入

有两个大学生打算创业，并将经营项目最终定位为网络女生“轻正装”。调研发现校园里的女生除了在教室上课，还要去面试、参加活动，市场上正式的衣服过于呆板，漂亮的又过于休闲，总是不甚理想。如果设计一些无论从领口到裙子的长度等都适合学生穿着的“轻正装”，学生一定会喜欢。两人准备将设计好的“轻正装”放在网络上销售，让全国各地的大学生都能看到。请问，这两个大学生选择的是怎样的创业模式？

知识探究

一、电子商务项目

项目（Project）是指在一定的时间、资源、环境等约束条件下，为了达到特定的目标所做的一次性任务或努力。

电子商务项目有广义和狭义之分。其中，广义的电子商务项目是指在开展电子商务活动的过程中，为了达到所需的绩效目标，在一定的期限内，依托一定的资源而进行的一系列活动；这一系列活动的过程有其丰富的内容，构成了许许多多、大大小小的项目。

二、电子商务项目管理

电子商务项目管理是指在电子商务项目活动中运用专门的知识、技能、工具和方法，使项目能够在有限的资源条件下，实现或超过设定的需求和期望。

1. 电子商务项目启动阶段

这个阶段的主要任务是确认需求，进行成本效益分析，研究项目的可行性。这个阶段形成的文字资料主要有需求规格说明书或可行性分析报告。以提出明确的《需求规格说明书》或《招标书》为结束标志，可以单独研究论证，提出需求结论。如果能够与项目计划阶段有机地结合起来，则可在满足需求的同时，确保项目目标的可行性。一般来说，项目目标至少要包括以下几个元素：

(1) 工作范围：应该完成哪些工作。

(2) 项目进度：应该在多长时间内完成。

(3) 项目成本：完成项目需花费多少成本。

(4) 项目质量：客户的满意度是什么，项目需达到什么标准。

2. 电子商务项目规划阶段

项目启动阶段结束后，进入规划阶段。该阶段的主要任务是明确项目目标和范围，并确定周密的项目计划，提出解决方案。项目计划是项目执行的蓝本，它主要解决如何、何时、由谁来完成项目的目标等问题，即编制项目计划书，具体包括确定项目工作范围、进行项目工作分解、估算各个活动所需的时间和费用、安排进度和人员等。每一个成功的项目都必须有周密的项目计划。一个好的项目计划会提供项目的全景描述，使项目所有人员都能够全面了解项目的内容。项目计划本身具有稳定性和约束性，是实施项目控制的最有力的标准和依据。计划可能随着项目的深入而更新，但是任何计划的变动都必须遵循项目的变更控制程序。

在规划阶段，项目组成员应根据项目的目标、验收标准等要求制定完整的项目计划。项目规划阶段的核心是定义工作分解结构，包括确定进度计划、项目预算、质量计划、沟通计划等。从项目的整个周期来看，项目规划阶段所占比例比较大。

3. 电子商务项目执行阶段

在规划阶段产生的项目计划被批准后，项目组应组织人力协调其他资源来执行计划，开始项目的实施工作。项目的执行是使项目组成员能够按项目的目标有计划地组织工作，以便成功地实现项目目标，满足项目的要求。

项目组成员的目标是共同完成项目，一般由项目经理负责项目的总体实施工作。对于大型的电子商务项目，可以将项目分成多个子项目进行同步开发，这需要一个总的项目管理组对各个子项目的公共部门做出指导、协调和管理，各个子项目也应有各自的项目管理小组。因此在项目的执行过程中，必须对项目进行有效的控制。

项目控制是确保项目依照项目计划和目标完成的重要过程。项目控制是监视和测量项目的实际执行情况。当项目在具体的执行过程中出现偏差时，必须确保项目按照计划有序、协调地执行。若发现实施成果偏离计划，就应找出原因，采取行动，使项目回到计划轨道上。同时，这一阶段也需要根据项目的执行情况，对项目的计划进行必要的修改和补充，即项目的变更控制。项目的控制过程主要包括进度控制、成本控制、质量控制、风险控制和变更控制。

4. 电子商务项目控制阶段

在电子商务项目实施过程中需要进行项目控制和监测，主要包括收集控制信息、进行偏差识别和分析，并对偏差结果进行决策，制定相应的措施以及更新计划等。

5. 电子商务项目收尾阶段

当项目的目标已经实现，或者项目的目标不可能实现时，项目就进入了收尾阶段。收尾阶段的工作重点是项目交接，对项目结果进行检验，对项目进行评价和总结。

项目收尾包括项目验收、合同收尾和行政收尾。项目验收核查项目计划规定范围内的各项工作或活动是否已经全部完成，可交付成果是否令人满意，并将核查结果记录在验收文件中。合同收尾是指终结合同，进行核算。行政收尾是指收集和分发信息，开会正式宣布项目结束。收尾工作常常是零碎、烦琐、费时和费力的，容易被人忽略。但项目收尾做得不好，将直接影响是否能够继续承接客户的其他项目，因此，做好项目收尾工作非常重要。

三、电子商务项目需求分析

1. 了解客户现状

评估客户的现状，要注意的是表面的业务里可能包含着很多的细节，这些细节是需要反问客户才能获取的。反问的问题越多，最终获取的需求就越具体，项目进行得就越顺利。有许多问题都是在反问客户的过程中客户才开始思考的，这也可以帮助客户提出更加合理的需求。

2. 理解客户需求

为了理解客户的需求，就要与客户进行充分的沟通交流，了解他们的原始需求，并分析公司开发此项目的业务机遇、业务目标、目标客户和目标市场的需求及业务风险等问题。

在这一阶段，要让客户畅所欲言，将所有的想法尽可能地阐述清楚，并把所有的要求罗列出来，不要遗漏。这时候需要直接明了地跟客户把问题和要求一条条地列出来，将用户最原始、最完整的要求准确地记录下来。为了尽可能详细、准确地掌握客户的原始需求，需要将调研对象进行划分，列出所有的项目相关人员和系统应用人员，要求客户代表与他们逐个沟通。

3. 客户需求分析

客户往往对需求的概念是非常模糊的，大多时候给出的需求都是笼统且尺度难以把握的，这就要求客户代表在倾听客户详细说明以后，帮助客户进行整理和分析，同时预测客户在开发过程中可能出现的变更以及在后期的应用中可能进行修改升级的潜在需求。在进行需求分析时，提早为客户设想到今后的需求变更，将使项目开发过程更加顺利，最终与客户形成一个对项目方案有共同理解并达成一致的协议。这一协议通常通过文档化的需求规格说明书来体现。

业务员与客户进行沟通和调查时撰写的需求分析，应尽可能地使用自然的语言进行描述。虽然客户的水平和资历有所不同，但是最自然的描述能够使项目开发的各个成员都能清楚地理解需求含义，减少偏差。对客户而言，这样的模型描述最接近真实，容易参与修订，并能以此作为测试和验收的依据。

需求分析在文字上无论怎样表述都是抽象的，会造成客户理解上的困难，所以，可以利用示意图或图表将用户的需求表现出来。

4. 客户需求验证

即检查需求是否能通过设计测试或其他验证方法，如演示等，来确定产品是否按需求实现。

拓展练习

按照实际流程，完成一份电子商务项目书，并选择好自己的合作伙伴。

任务二　选择电子商务创业模式

情境导入

小王选择电子商务创业，准备将家乡的腊鸡、腊鸭通过互联网卖到各个城市，可是，应该选择怎样的电子商务创业模式呢？

知识探究

电子商务创业模式是通过电子商务的途径或方式来创造收益的一种运作模式。主要包括以下几种：

一、B2B 模式

B2B 是 Business-to-Business 的缩写，是指企业与企业之间的营销关系，它将企业内

部网通过B2B网站与客户紧密结合起来，通过网络的快速反应，为客户提供更好的服务，从而促进企业的业务发展（Business Development）。商家（泛指企业）对商家的电子商务，即企业与企业之间通过互联网进行产品、服务及信息的交换。通俗的说法是进行电子商务交易的供需双方都是商家（或企业、公司），他们使用Internet技术或各种商务网络平台（如拓商网）完成商务交易的过程。这些过程包括：发布供求信息，订货及确认订货，支付过程，票据的签发、传送和接收，确定配送方案并监控配送过程等。阿里巴巴是国内，也是全球最大的B2B电子商务网站，是中小企业首选的B2B平台，其网站首页如图3—1所示。

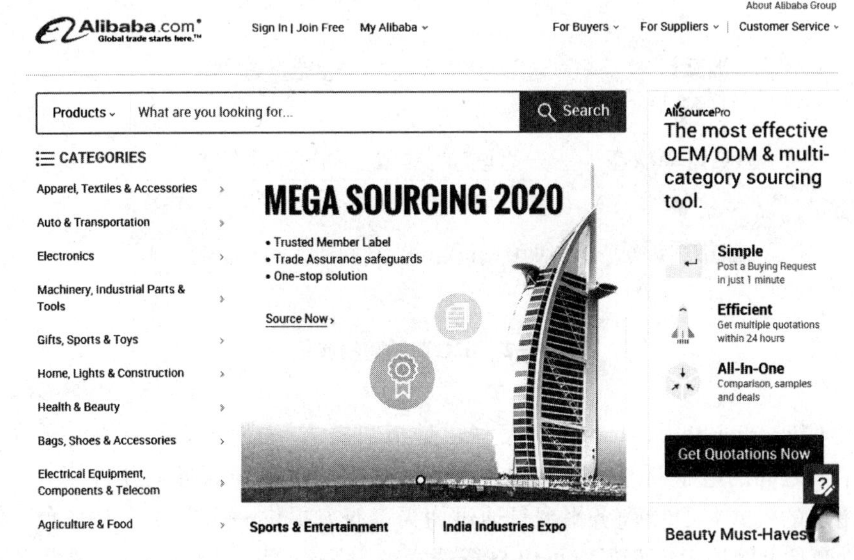

图3—1 阿里巴巴首页

二、B2C模式

B2C是Business-to-Customer的缩写，其中文为“企业与消费者”是中国最早产生的电子商务模式。“企业与消费者”也就是通常说的商业零售，直接面向消费者销售产品和服务。这种形式的电子商务一般以网络零售业为主，主要借助于互联网开展在线销售活动。B2C即企业通过互联网为消费者提供一个新型的购物环境——网上商店，消费者在网上购物，在网上支付。B2C电子商务网站由三个基本部分组成：为顾客提供在线购物场所的商场网站；负责为客户所购商品进行配送的配送系统；负责顾客身份确认及货款结算的银行及认证系统。如今的B2C电子商务网站非常多，比较大型的有天猫商城、京东商城、一号店、亚马逊、苏宁易购、国美在线等。B2C交易系统分为前台和后台，前台面向消费者，消费者通过浏览器在商家所建的网站上进行商品目录浏览、加入会员、在线订购以及订单查询等。后台服务于商家，商家通过系统将消费者在网站中所购买的数据加以分析，再将商品通过物流配送至消费者。资金的流动则需要金融机构的参与，消费者将资金通过金融机构转至商家。实物商品的转移则依靠物流配送来完成。以京东商城为例，操作过程如图3—2所示。

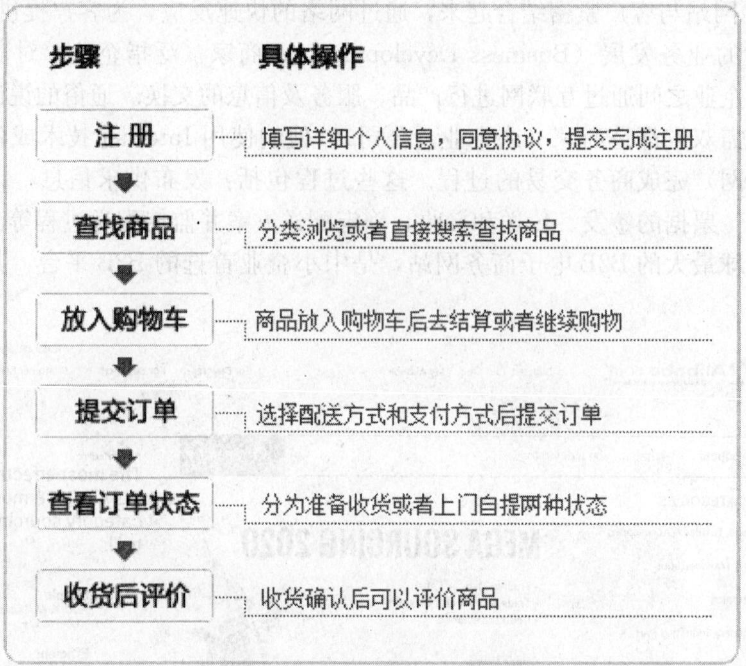

图 3—2　B2C 商城购物流程

三、C2C

C2C 是 Customer-to-Customer 的缩写，是指消费者与消费者之间的电子商务。C2C 是个人与个人之间的电子商务，同 B2B、B2C 一样，都是电子商务的几种模式之一。C2C 是用户对用户的模式，C2C 商务平台是通过为买卖双方提供一个在线交易平台，使卖方可以主动提供商品上网拍卖，而买方可以自行选择商品进行竞价。比如一个消费者有一台电脑，通过网络进行交易，把它出售给另外一个消费者，此种交易类型就称为 C2C 电子商务。代表网站有淘宝网和拍拍网。淘宝网首页如图 3—3 所示。但拍拍网于 2015 年 12 月 31 日停止提供 C2C 平台服务，于 2016 年 4 月 1 日彻底关闭拍拍网。从某种程度上看，C2C 更像是一个没落的电商模式，从个人到个人的电商模式更适合微电商和社交电商。

图 3—3　淘宝网首页

四、O2O

O2O 即 Online-to-Offline，是一种新兴起的电子商务模式，即将线下商务的机会与互联网结合在一起，让互联网成为线下交易的前台。这样线下服务就可以线上揽客，消费者可以在线上筛选服务，成交可以在线结算。该模式最重要的特点是推广效果可查，每笔交易可跟踪。以美乐乐的 O2O 模式为例，其通过搜索引擎和社交平台建立海量网站入口，将在网络的一批家居网购消费者吸引到美乐乐家居网，进而引流到当地的美乐乐体验馆。线下体验馆承担产品展示与体验及部分的售后服务功能。O2O 营销模式的核心是在线支付，在线支付不仅是支付本身的完成，是某次消费得以最终形成的唯一标志，更是消费数据唯一可靠的考核标准。对提供 Online 服务的互联网专业公司而言，只有用户在线上完成支付，自身才可能从中获得效益。代表网站有糯米网、美团网、拉手网、窝窝团等。美团网首页如图 3—4 所示。从 2015 年整年电商运营情况来看，上半年 O2O 模式很火爆，大量项目获得融资，但下半年这种模式却大量倒闭，可见生活服务 O2O 电商处于鱼龙混杂的阶段。

图 3—4　美团网首页

五、ABC 模式

ABC 模式是新型电子商务模式的一种，被誉为继阿里巴巴 B2B 模式、京东商城 B2C 模式及淘宝 C2C 模式之后电子商务界的第四大模式。它是由代理商、商家和消费者共同搭建的集生产、经营、消费为一体的电子商务平台，三者之间可以转化。大家相互服务，相互支持，你中有我，我中有你，真正形成一个利益共同体。

六、P2P 模式

P2P 是 Peer-to-Peer 的简称，即个人对个人模式，是对等联网的意思，在互联网直接连接其他用户，交换文件。在电子商务中，生产商直接提供货源给销售商就是一种 P2P 模式。P2P 连接如图 3—5 所示。

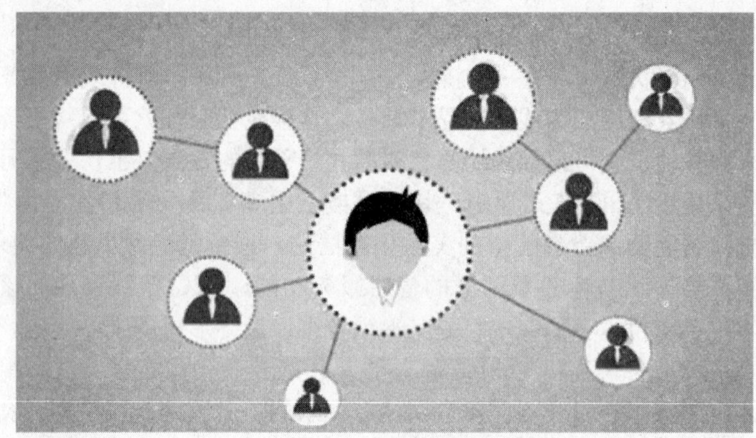

图 3—5　P2P 连接

图片来源：优酷网。

拓展练习

1. 请上网浏览京东商城主页和苏宁易购主页，分析两者所采用的电子商务模式和盈利模式。

2. 请上网浏览唯品会网站，谈谈唯品会网站的经营特色和优势。

任务三　筹集创业资金

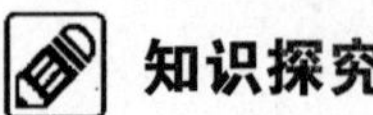

情境导入

小王在电子商务创业初期出现资金不足，应该怎么办?

知识探究

一、创业资金

创业资金是指创业者进行创业时前期的资本投入，包括创业者能力提高的就业培训、店铺租赁、店面装修、店面展示所需的资金及数量不等的流动资金。

二、资金来源分析

一是自筹资金，包括自己的储蓄或者向亲属朋友借贷所得资金。二是社会筹资，通过提供高价值的固定抵押物，向银行等金融机构贷款，或者通过熟人或网络向非正式金融机构借贷。后者比前者利率高，风险更大。

三、银行贷款

1. 抵押贷款

借款人向银行提供一定的财产作为信贷抵押的贷款方式。

2. 信用贷款

信用贷款是指银行仅凭借对借款人资信的信任而发放的贷款。借款人无须向银行提供抵押物。

3. 担保贷款

担保贷款是以担保人的信用为担保而发放的贷款。

4. 贴现贷款

贴现贷款是借款人在急需资金的时候，以未到期的票据向银行申请贴现以便融资的一种贷款方式。

四、银行借款程序

1. 店铺提出借款申请

无论向银行还是其他部门提出短期借款，都需要根据业务经营的需要提出借款的申请报告。

2. 提供有关证明材料

要根据借款的具体情况，提供相应的证明，如借款用途、合同、协议等。

3. 签订合同

银行或有关部门对店铺的借款申请书和证明材料进行审核，双方签订合同。

4. 提供担保或抵押

店铺借款要请其他单位担保，承担连带责任，也可以资产抵押。

5. 严格执行合同

店铺借入资金在使用中，应严格遵守合同规定，按照使用用途、时间还款。

五、VC

VC 是 Venture Capital 的简称，被称为风险投资。广义的风险投资泛指一切具有高风险、高潜在收益的投资；狭义的风险投资是指以高新技术为基础，对生产与经营技术密集型产品的投资。根据美国全美风险投资协会的定义，风险投资是由职业金融家投入新兴的、迅速发展的、具有巨大竞争潜力的企业中的权益资本。其一般在电子商务项目早期投入，其商业模式还不是很成熟，风险很大，所以一般投入资金额度不大。

六、PE

PE 是 Private Equity 的简称，被称为私募股权基金。一般通过私募方式对非上市企业进行股权投资，然后通过运作企业上市、股权转让等方式出售股权获利。当一个创业项目的商业模式已经逐渐成熟、前景乐观的时候，往往会被许多嗅觉敏感的 PE 关注，这时候创业者可以根据情况展开 N 轮融资。

七、大学生创业资金申领

高校毕业生（含大学专科、大学本科、研究生）从事个体经营的，自批准经营日起，1 年内免交个体户登记注册费、个体户管理费、经济合同示范文本工本费等。此外，如果成立非正规企业，只需到所在区县街道进行登记，即可免税 3 年。

自主创业的大学生，向银行申请开业贷款担保额度最高可为 7 万元，并享受贷款贴息。

八、审核条件

1. 银行对贷款申请者的要求

年满十八周岁，具有合法有效身份证明和贷款行所在地合法居住证明，有固定的住所或营业场所；持有工商行政管理机关核发的营业执照及相关行业的经营许可证，从事正当的生产经营活动，有稳定的收入和还本付息的能力；借款人投资项目已有一定的自有资金；贷款用途符合国家有关法律和贷款行信贷政策规定，不允许用于股本权益性投资；在贷款行开立结算账户，营业收入经过贷款行结算。

2. 贷款申请者需提供的申请资料

借款人及配偶身份证件（包括居民身份证、户口簿或其他有效居住证原件）和婚姻状况证明；个人或家庭收入及财产状况等还款能力证明文件；营业执照及相关行业的经营许可证，贷款用途中的相关协议、合同或其他资料；担保材料：抵押品或质押品的权属凭证和清单，有权处分人同意抵（质）押的证明，银行认可的评估部门出具的抵（质）押物估价报告。

九、融资原则

（1）确定资金调度。

（2）租金利息低廉。

（3）确保有余力筹集周转资金。

（4）确保自有资金占总资金的20%左右。

拓展练习

对创业资金的来源进行分析，确保创业可行。

任务四　创建电子商务创业团队

情境导入

小王看到电子商务的商机，在老家东北也能把生意做到全国。可是在创业的过程中，他发现凭借一个人的力量是无法壮大公司的，需要组建团队。那么，怎样创建和管理电子商务创业团队呢？如何寻找合作伙伴？

知识探究

一、确立明确的团队发展目标

目标在团队组建过程中具有特殊的价值。首先，目标是一种有效的激励因素。如果一个人看清了团队的未来发展目标，并认为随着团队目标的实现，自己可以从中分享到很多的利益，那么他就会把这个目标当成是自己的目标，并为实现这个目标而奋斗。从这个意义上讲，共同的未来目标是创业团队克服困难、取得胜利的动力。其次，目标是一种有效的协调因素。团队中各种角色的个性、能力有所不同，但是“步调一致才能得胜利”。孙子曰：“上下同欲者，胜。”只有真正目标一致、齐心协力的创业团队才会得到最终的胜利与成功。

二、组建创业团队的模式

创业团队投资是一种创业性投资活动。创业团队投资由于投资时机、投资对象选择，以及资本额大小、对投资收益的期望值等原因而具有较高的风险，因而，对于这类投资活动采取何种组织形式，对于投资本身及其成效具有重要影响。一般而言，创业团队在创业投资时可采用的组织形式主要有公司制、合伙制两种，两种形式各有特点。

三、建立责、权、利统一的团队管理机制

1. 妥善处理创业团队内部的权力关系

在创业团队运行过程中，团队要确定谁适合从事何种关键任务和谁对关键任务承担什么责任，以使能力和责任的重复最小化。

2. 妥善处理创业团队内部的利益关系

这与新创企业的报酬体系有关。一个新创企业的报酬体系不仅包括诸如股权、工资、奖金等物质报酬，而且包括个人成长机会和提高相关技能等方面的因素。每个团队成员所看重的并不一致，这取决于其个人的价值观、奋斗目标和抱负。有些人追求的是长远的资本收益，而另一些人不想考虑那么远，只关心短期收入和职业安全。

新创企业的报酬体系十分重要，而且在创业早期阶段财力有限，因此要认真研究和设计整个企业生命周期的报酬体系，以使之具有吸引力，并且使报酬水平不受贡献水平的变化和人员增加的限制，即能够保证按贡献付酬和不因人员增加而降低报酬水平。

四、制定创业团队的管理规则

要处理好团队成员之间的权力和利益关系，创业团队必须制定相关的管理规则。团队创业管理规则的制定，要有前瞻性和可操作性，要遵循先粗后细、由近及远、逐步细化、逐次到位的原则。这样有利于维持管理规则的相对稳定，同时规则的稳定有利于团队的稳定。

1. 治理层面的规则

治理层面的规则主要解决剩余索取权和剩余控制权问题。治理层面的规则大致可以分为合伙关系与雇佣关系。在合伙关系下大家都是老板，大家说了算；而在雇佣关系下只有一个老板，一个人说了算。除了利益分配机制和争端解决机制，还必须建立进入机制和退出机制。没有出入口的游戏规则是不完整的，因此要约定以后创业者退出的条件和约束，以及股权的转让、增股等问题。

2. 文化层面的管理规则

文化层面的管理规则主要解决企业的价值认同问题。企业章程和用工合同解决的是经济契约问题，但作为管理规则它们还是很不完备的。经济契约不完备的地方要由文化契约来弥补。它包括很多内容，但也可以用“公理”和“天条”这两个词简要地概括。所谓“公理”，就是团队内部不证自明的东西，它构成团队成员共同的终极行为依据。所谓“天条”，就是团队内部任何人都碰不得的东西，它对所有团队成员都构成一种约束。

3. 管理层面的规则

管理层面的规则主要解决指挥管理权问题。管理层面的规则有最基本的三条：(1) 平等原则，制度面前人人平等，不能有例外现象；(2) 服从原则，下级服从上级，行动要听指挥；(3) 等级原则，不能随意越级指挥，也不能随意越级请示。这三条原则是秩序的

源泉，而秩序是效率的源泉。当然，仅有这三条原则是不够的，但它们是最基本的，是建立其他管理制度的基础。

五、组建创业团队的程序和方法

1. 撰写创业计划书

通过撰写创业计划书，可进一步使自己的思路清晰，也可为后来的合作伙伴的寻找奠定基础。

2. 优劣势分析

即认真分析自我，发掘自己的特长，确定自己的不足。创业者首先要对自己正在或即将从事的创业活动有足够清醒的认识，并使用SWOT法分析自己的优点、缺点，性格特征，能力特征，拥有的知识、人际关系以及资金等方面的情况。

3. 确定合作形式

通过第二步的分析，创业者可以根据自己的情况，选择有利于实现创业计划的合作方式，通常是寻找那些能与自己形成优势互补的创业合作者。

4. 寻求创业合作伙伴

创业者可以通过媒体广告、亲戚朋友介绍、各种招商洽谈会、互联网等寻找自己的创业合作伙伴。

在创业伙伴寻找环节，可以从以下三个方面入手：

（1）业务参与方，主要包括制造方、使用方、配送方、销售方等业务链条上所涉及的上游及下游。

（2）重要资源提供方，如大学生创业中的场地提供方。

（3）重要政策特许方，如创业基地、政府等。

5. 沟通交流，达成创业协议

通过第四步，找到有创业意愿的创业者后，双方还需要就创业计划、股权分配等具体合作事宜进行深层次、多方位的全面沟通。只有前期进行充分沟通和交流，才不会导致正式创业后迅速出现创业团队因沟通不够引起的解体。

6. 落实谈判，确定责权利

在双方充分交流达成一致意见后，创业团队还需对合伙条款进行谈判。

拓展练习

寻找创业伙伴，完成创业团队组建，并制定团队管理制度。

项目四　管理网络商品

学习目标

1. 知识目标

完成网络商品的选择、拍摄、编辑工作。

2. 能力目标

能够通过各种分析完成选品工作，并结合商品特色进行编辑，完成商品的上架和管理。

3. 素质目标

学会团队合作、学会共享。

案例引入

小王同学想进行电子商务创业，可是不知道如何在网络上进行商品选择，于是在网络上查看销量好的产品，准备跟进月销量好的商品，可是在投入了大量的广告费后，依旧没有任何起色，为什么？

任务一　商品选择

情境导入

对准备上架的商品，小王不知道哪些应该加大力度宣传，如何确定和选择网络商品以及怎样安排网络店铺各商品的位置。请帮助他完成商品的选择。

知识探究

一、主力商品

主力商品，又称拳头商品，指那些周转率高、销售量大、无论是数量还是销量上都占绝对优势的主要商品。任何一家网店的商品都不可能满足全部的消费者，这就决定了每家网店都需要选取主要的消费群体，并根据主要消费群体的需求进行商品的采购。

二、辅助商品

辅助商品是价格、品牌等方面对主力商品起到辅助作用的商品，或以增加商品宽度为目的的商品。网店在商品采购时，不仅要关注主力商品，还要关注辅助商品，只有这样才能使网店产品结构完整，满足消费者多方面的需求，促进销售。

三、关联商品

同主力商品和辅助商品共同购买、消费的商品为关联商品。其特点是方便消费者购买，增加主力商品的销售量。

四、商品款式

网店销售的商品的款式不是单一的，而是有一定比例的。当这种比例达到一个平衡点的时候才能增加网络店铺的销售额，提升网店的销售业绩。一般情况下商品款式可分为基本款、中心款及形象款三种。

基本款：网店中存活时间最长，是主要产生网店销售额的部分商品。

中心款：网店中存活时间较短，但是所产生的毛利最高，是网店主要用来提升业绩的款式。

形象款：在网店中所占的比例较少，主要位于橱窗展示，用来吸引消费者进入网店浏览，并不是销售额产生的主体。形象款对网店是一种宣传和推广，目的是让更多的消费者进入网店，浏览网店商品，从而促成购买和消费。

五、商品款型

引流款：为网络店铺提供流量的产品，其曝光度高，点击率高，利润较低。

爆款：最大的引流款。

六、商品数据

数据获取：获取所需要的商品数据，为商品选择工作提供原始数据，通过提高数据质量，达到提高商品选择的质量。

数据分析：将获取的数据进行加工和分析，加工的方法越精准，分析的角度越精确，所涉及的数据量越大，分析出来的结果就越准确。

七、商品选择依据

依据一：货源的可靠性分析。即分析供货商商品供应能力和信誉，弄清供货商是否有能力提供满足采购商品的花色、品种、规格及数量要求，并且着重注意供应商的信誉度。

依据二：商品质量和价格分析。商品质量是否稳定可靠，是否与消费者需求相匹配，价格是否合理，质价是否相符合。

依据三：供应商结算条件分析。供应商结算条件是否具备，结算方式是否灵活方便，

结算时间周期长短等。

依据四：促销服务分析。供应商能否在当地媒体进行广告宣传、推广活动等，能否为销售者提供多种促销服务。

八、商品选择原则

为了更好地完成商品采购工作，在采购的时候需要坚持以下几个原则：

原则一：尽量减少中间环节。商品在采购流程中，每增加一个中间环节，其商品价格就会增加一层差价，所以尽量减少不必要的中间环节。如果能从生产厂家直接采购，就不要经过其他商业环节；能从产地直接批发采购，就不要经过分销采购。

原则二：尽量选择费用最低的。采购时，要结合商品的运输里程、工具及时间，对各种采购渠道进行经济核算，在综合的基础上，尽量选择费用最低的，尽量降低采购成本。

原则三：尽量选择路途近的。在保证商品品种齐全、数量充足、价格合理的前提下，尽量选择采购路途近的，以减少运输成本。

拓展练习

结合本次任务讲解，完成团队店铺商品的选择划分。

任务二　商品拍摄

情境导入

小王在仓库堆积了很多商品，可是不知道怎样将商品拍摄出好的效果，几次拍摄下来，都不是很满意。那么，如何拍摄确定好的网络商品？对于大小物体的拍摄角度是否有区别？

知识探究

一、环境布光

布光又称照明或采光。单用自然光的摄影是1灯布光，2灯以上组配时，使主光线和辅助光有效地配合应用，叫做布光。

由于用光的角度不同，被摄体的质感会相应地被强化或削弱，被摄体的形状会被突出或淡化。照片的基调是愉快的还是忧郁的，也会因用光的角度不同而有所不同。从相机上方或后方（通常称为正面光）投射过来的光线会降低被摄体的层次感，原因是正面光不利于营造高光和阴影。较好的选择是让光源偏于一侧，同被摄体成大约45°角的侧光，这样可以很好地表现被摄体的形状和细节。

当光线从被摄体身后射来，正对着相机时就会产生逆光。拍摄对象在逆光中显得富于戏剧性。在拍摄肖像时，逆光在人物的头发边际会产生漂亮的轮廓光。反差大的逆光可以产生剪影的效果。所以好的布光能让塑造的形象更具有表现力。图 4—1 为常见的布光方式。

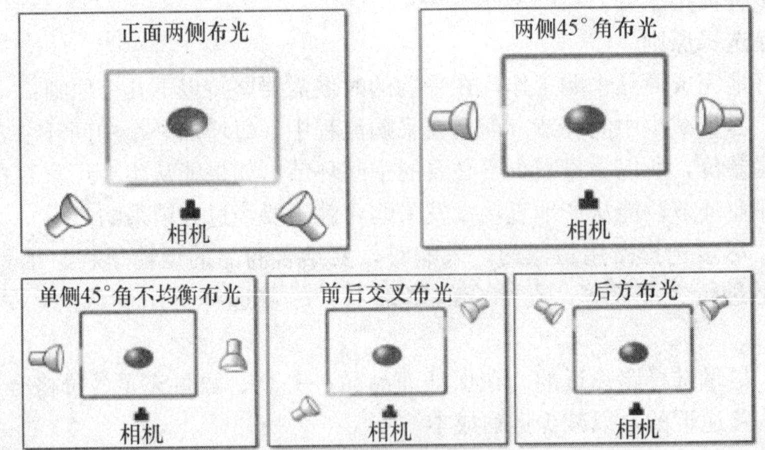

图 4—1　常见的布光方式

图片来源：淘宝网。

（1）正面两侧布光。正面投射出来的光线全面而均衡，商品表现全面、不会留有暗角。

（2）两侧 45°角布光。商品顶部受光，正面没有完全受光，适合拍摄外形扁平的小商品。

（3）单侧 45°角不均衡布光。商品一侧出现严重阴影，底部的投影也很深，商品表面的很多细节无法呈现。同时，由于减少了环境光线，增加了拍摄难度。

（4）前后交叉布光。从商品后侧打光可以表现出表面的层次感，如果两侧的光线还有明暗差别，那么表现出商品层次的同时又保留了细节，比单纯关掉一侧的灯光效果明显。

（5）后方布光。从商品背后打光。商品正面因为没有光线而产生大片阴影，无法看出商品全貌，所以尽量不使用该方法，除非要拍摄像镂空雕刻等具有通透性的商品。

二、环境选择

小商品的拍摄适合选择单纯的环境。由于此类商品本身体积很小，在拍摄的时候不需要占用很多的空间和面积，一般使用简易摄影棚即可。如果没有摄影棚也可以使用白色或纯色的背景代替，如图 4—2 所示。

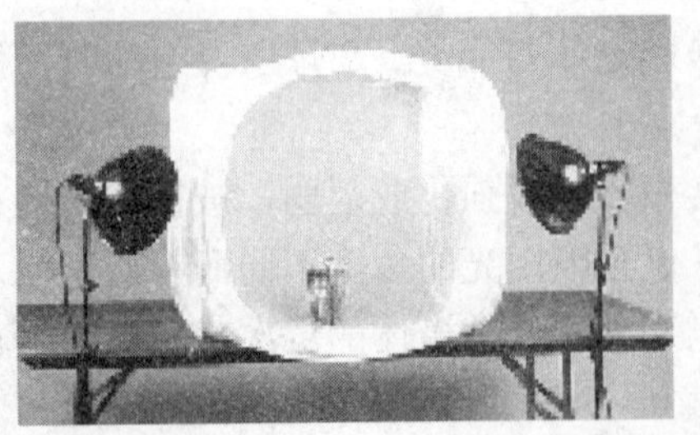

图 4—2　小商品的拍摄

图片来源：淘宝网。

如果是大件商品，拍摄的时候可以选择一个空旷的场地，室内室外都可以。在室内拍摄的时候，尽量选择整洁和单色的背景，照片里不适宜出现不相关的物体或内容，除非是为了衬托商品而使用的搭配饰品等，如图 4—3 所示。在室外拍摄一般选择风景优美的环境作为背景，采用自然光加反光板的方式进行拍摄，这样的照片风格更加明显，比较容易形成个性特色和营造商业化的购物氛围，如图 4—4 所示。

图 4—3　室内拍摄

图 4—4　室外拍摄

图片来源：淘宝网。

三、取景构图

取景就是通过数码相机的取景器观察和选取拍摄景物，并选择恰当的拍摄范围，使景物合理地安排在一张有限的画面上，使拍出来的照片具有一定的艺术效果。

构图是指如何把人、景、物安排在画面中以获得最佳布局的方法，也是把形象结合起来的方法，是呈现形象的全部手段的总和。

四、中心点构图法

中心点构图法就是将被摄商品置于画面的中央，左右基本对称，这是所有构图的基础。因为人们喜欢把视觉放在中央，上下空间的比例大体均匀。图 4—5 使用的就是这种方法，主体在画面的中间。但是有时为了防止画面显得过于呆板，往往也在对称中略有偏移。

图 4—5　中心点构图法

图片来源：淘宝网。

五、黄金分割法

黄金分割法的构图方法是在构图时，画面的长宽比例为 1∶0.7，以取得一种既均衡又富有变化感的布局效果。0.7 的地方是放置主体最佳的位置，以此形成视觉的重心，如图 4—6 所示。

图 4—6　黄金分割法

图片来源：淘宝网。

六、三分法

即让重要的景物或人物正好位于画面 1/3 处，而不是在正中央。从特别的视角来拍摄，尽量捕捉物体的细节与个性，利用一些斜线或曲线的背景构图会让整体画面看上去更为生动。这样的画面比较符合人的视觉审美习惯，甚至比主角在正中央的画面更有美感。一个完整画面被两根垂直和两根水平方向上的线分成九等份，其中垂直线与水平线交会的 4 个点，就是画面中最能讨好视觉的部分，可以把这个位置作为主体最重要部分的中心。人物位于画面中的三分之一处，面部正好处在左上角两线的交点上，符合“1/3”构图原则，并且背景不杂乱，人物形象被很好地突出，如图 4—7 所示。

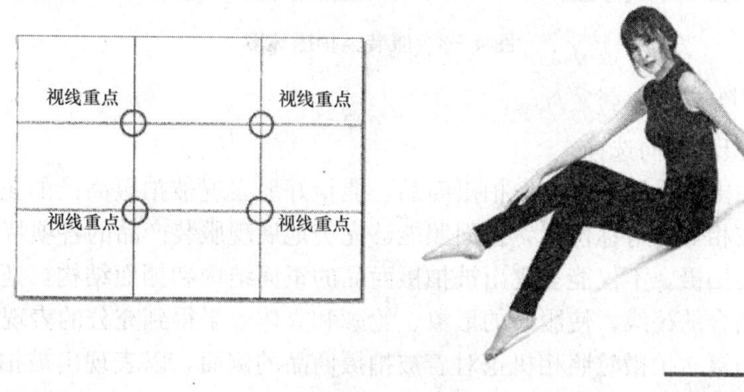

图 4—7 九宫图

图片来源：淘宝网。

七、大物件拍摄

消费者在进行网络购物的时候，主要通过商品图片来了解商品特性。这里我们以大件商品——服装类拍摄作为典型说明。由于服装类商品比较注重款式和效果，因此对商品照片的要求更高，属于大件商品中最难拍出效果的一类商品代表。

1. 服装拍摄的环境选择

常见的服装类拍摄环境分为两大类，即室内拍摄和室外拍摄，具体又可以分为三种：室内布景、棚内拍摄及室外街景，如图 4—8 所示。

（1）室内布景。在室内营造实景进行拍摄比棚内使用背景墙（纸）要更具有立体感和真实感，对比也更加强烈。在进行室内布景的时候要尽量利用室内的每一个角落和每一个摆设，也可以通过放置一些小装饰品等道具来突出主体风格。

（2）棚内拍摄。不受天气、季节等自然条件的限制和影响，在内景摄影的条件下，照明、特技、烟火等工种，比较容易从技术上控制，创造出所需的环境气氛和视觉效果。棚内拍摄时可以大胆使用背景颜色，只要与服装风格协调，拍出的画面就会显得简洁时尚。

（3）室外街景。常用的道具有太阳镜、太阳帽、纱巾、毛公仔、花、手机、椅子和沙发，当然，石头、树枝、汽车、摩托车、自行车甚至灯杆也可以利用。场景的选择方面，柳树、草坪、花丛、走廊、墙壁以及柱子等场景容易拍出好照片。商业气氛浓厚的闹市区、临街的商场、广告牌或酒吧、欧美风格的建筑物一角等也是很好的场景选择。

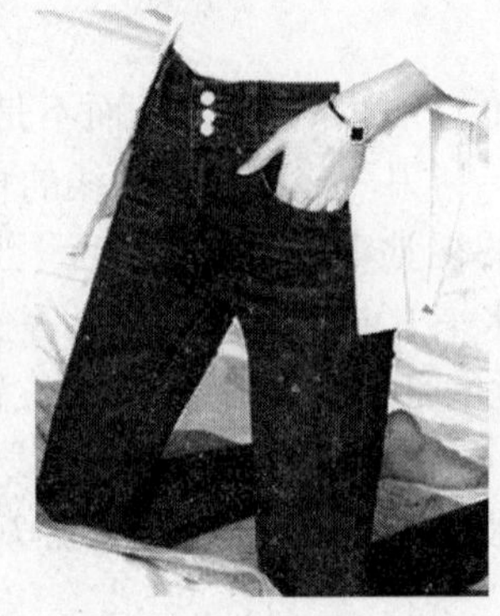

图 4—8　服装类拍摄环境

图片来源：淘宝网。

2. 服装拍摄的方向选择。

(1) 正面拍摄。采用正面方向拍摄商品，能很好地表现被拍摄商品的正面特征，模特的各部分都处在相等的对称位置，正面照能够完美地展现服装产品的各项特征。

(2) 前侧面拍摄。不仅能表现出被拍摄商品的正面结构和侧面结构，还能很好地表现出这两个面相结合的棱线，使服装的形象、轮廓和立体效果得到充分的表现。

(3) 侧面拍摄。拍摄时照相机正对着被拍摄商品的侧面，以表现出被拍摄商品的侧面形象和线条结构。这个方向拍摄能使被摄者的侧面轮廓得到充分的表现，侧面拍摄具有强烈的动势和方向性。

(4) 背面拍摄。在服装真人模特拍摄中，从被摄者的背后方向拍摄也是常见的，通常是为了展示服装的背面效果。背面拍摄能显示出被摄者的背面特征并引导观众的视线向纵深发展。在选择背面方向拍摄人物时，一定要注意被摄者的背面要整齐。

3、服装拍摄的角度选择

(1) 平摄。对于拍摄上衣、裙装时，通常使用平视的拍摄角度，即相机与拍摄者的眼睛成水平直线，以被摄者直立时眼镜平视的高度为准。平视拍摄角度所拍摄的画面中各部分景物的透视关系，符合人们视觉观看的心理，构图平稳，无特殊的变化。

(2) 仰摄。常用于拍摄裤子、靴子、打底裤等商品，因为采用低角度仰摄商品，能表现出被摄者的高大形象，同时还具有净化背景的作用。仰摄模特全身照片，能表现出被摄者修长的腿。

(3) 俯摄。在商品的近景拍摄时，如果采用高度俯摄容易形成上大下小的变形。在拍摄全身照时，一般也不要采用这种角度。在拍摄内衣模特时可以选择俯摄，以更好地体现内衣的材质及细节。

八、小件商品拍摄

1. 摆放布景

(1) 三角形布景法。单个产品的展示用三角形布景法是比较简单的，尤其是在拍摄珠宝这类产品时，后面放一面小化妆镜，可以起到不错的背景效果，而前面的小装饰品也能让画面更加丰富。

(2) 梯形布景法。多个产品同时展示时，可以使用梯形布景法，而它最好的道具就是

产品的包装盒，如图 4—9 所示。

图 4—9 梯形布景

图片来源：淘宝网。

2. 商品摆放角度

对于同一类产品，设定固定的拍摄角度可以多方面地展示商品特性，同时也能大大降低工作量。而我们所需要做的是在一开始的时候，就为这一类产品设置四种以上固定的拍摄角度。例如水平左右 45°角、斜下俯视左右 75°角，水平正面、背面等。除此之外，还可以通过拍摄手法的不同来设定拍摄角度，如图 4—10 所示。

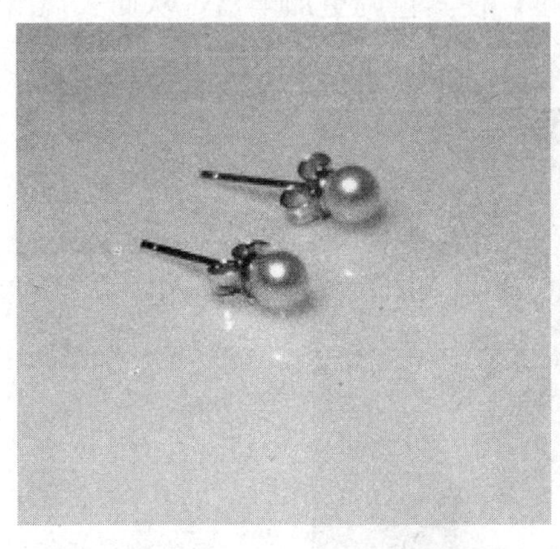

图 4—10 商品摆放角度

图片来源：淘宝网。

九、吸光类商品拍摄

吸光类产品包括毛皮、衣服、布料、食品、水果、粗陶、橡胶、亚光塑料等。相对反光体和透明体而言，它们的表面通常是不光滑的。因此，吸光类商品对光的反射比较稳定，即物体固有色比较稳定统一，而且这些产品通常本身的视觉层次比较丰富。为了再现吸光体表面的层次质感，布光的灯位要以侧光、顺光、侧顺光为主，而且光比较小，这样使其层次和色彩表现得都更加丰富，如图 4—11 所示。

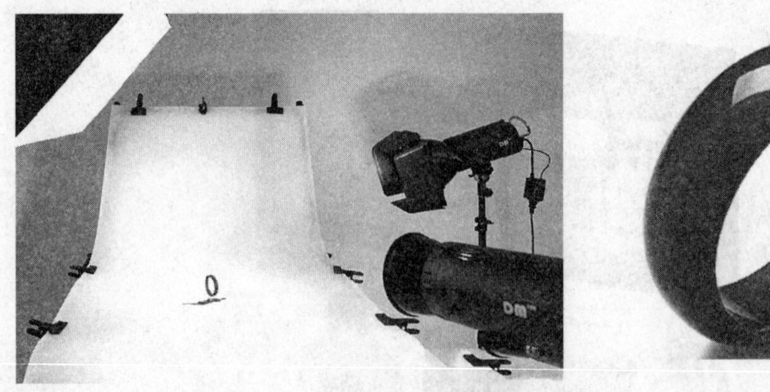

图 4—11　吸光类商品拍摄

图片来源：淘宝网。

十、反光类商品拍摄

反光类商品表面光洁度高，如瓷器、电镀制品、金银饰品等，它们都能将绝大部分甚至全部的照射光反射回去。又因光可鉴人，大部分此类被摄体都能将周围的物体清晰或模糊地映照在表面上。

它们的表面结构光滑如镜，具有强烈单向反射能力，直射灯光聚射到这种商品表面，会产生强烈的光线改变。所以拍摄此类商品应该采用柔和的散射光线进行照明，也可以采取间接照明的方法。通常使用柔光箱、反光板等光扩散工具来柔化光线，用反射光来照亮商品，因为均匀的光线能有效地降低表面反光度，使其色调更加丰富，从而表现出光滑的质感，如图 4—12 所示。

图 4—12　反光类商品拍摄

图片来源：淘宝网。

十一、透明类商品拍摄

玻璃器皿、水晶、玉器等透明类商品既有反光特性，又有透光特性。此类商品的拍摄一般都采用侧光或底部光进行照明，这样可以很好地表现出静物清澈透明的质感。要注意底部光使用时，应使用白色底衬或者直接放在玻璃上，如图 4—13 所示。

图 4—13 透明类商品拍摄

拓展练习

分别选取一个大物件和一个小物件进行拍摄对比，从中选取拍摄效果最好的和大家分享拍摄经验。

任务三 商品美工

情境导入

小王已经完成商品的拍摄，发现直接将拍摄的图片放置在网店上，由于尺寸不符合要求，不能上传，接下来他需要对拍摄完成的图片进行美工处理。请问怎样处理图片才能吸引消费者的眼球?

知识探究

一、利用 Photoshop 抠图

Photoshop 是 Adobe 公司旗下最为出名的图像处理软件之一，是集图像扫描、编辑修改、图像制作、广告创意、图像输入与输出于一体的图形图像处理软件。其界面如图 4—14 所示。“抠图”是一门很基本的技术，也是制作简洁、高水准图像作品的一个重要环节。

图 4—14　Photoshop 软件的界面

1. 利用魔术棒工具抠图

首先打开图片素材，如图 4—15 所示。

图 4—15　打开图片素材

然后选择“魔术棒工具”，在菜单栏将容差值设为“30”。容差值是用来控制颜色误差范围的，值越大，选择区域越广，其数字范围为 0～255。如图 4—16 所示。

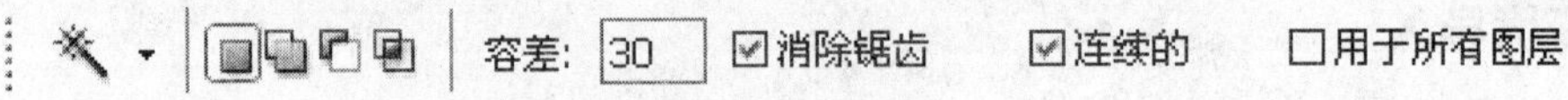

容差: 30　☑消除锯齿　☑连续的　☐用于所有图层

图 4—16　设置容差值

单击图片，选取背景处，此时背景被虚线框起来。接着按键盘上的 Delete 键删除不需要的背景，然后再按快捷键 Ctrl＋D 取消选择。效果如图 4—17 所示。

图 4—17　效果图

2. 利用套索工具抠取不规则对象

套索工具分为“套索工具”、“多边形套索工具”、“磁性套索工具”，这些工具是技术服务人员经常在图片美化中使用的。

打开素材图片，如图 4—18 所示。

图 4—18　打开原图

选中“磁性套索工具”，单击鼠标，慢慢移动鼠标选择要选取的部分。鼠标路径自动吸附到图像的界限上，一些弯曲的地方也可以单击一下，再设一个点，最后形成一个整体连接在一起，这时候就创建了选区，如图 4—19 所示。

图 4—19　利用“磁性套索工具”抠图

如果节点位置不对，可以选中节点，按 Delete 键将其删除。在比较细小或边界不太明显的地方，“磁性套索工具”可能选择不准确，此时单击鼠标左键，勾选自己需要的部分即可。

封闭路径后，要用到“路径”面板，它和“图层”面板通常在一起。“路径”面板下面有“工作路径”，选择这个路径，然后单击“路径”面板下第三个按钮，如图 4—20 所示，可将路径转换为虚线的工具。转换为虚线后，用“移动工具”将虚线框选的主体提取出来，把物体拖拽到新建文件中，用“自由变换”调整至合适比例即可。

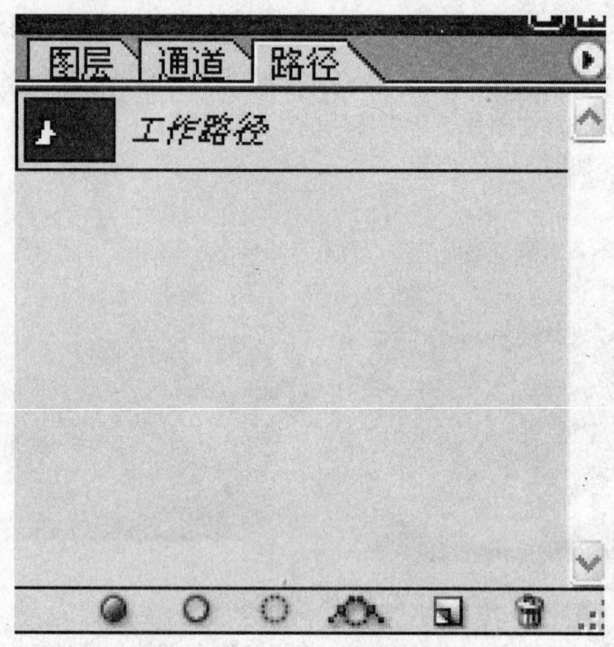

图 4—20　利用工作路径选取载入

3. 利用钢笔工具抠图

钢笔工具是最精确的抠图工具，主要用于创建精确直线和平滑曲线，其选取的对象的边缘相对平滑，也可以与通道、抽出等工具配合应用解决复杂的对象选取问题。

右击工具箱中的“钢笔工具”按钮，可以显示出“钢笔工具”“自由钢笔工具”“添加锚点工具”“删除锚点工具”“转换点工具”五个按钮，通过这五个按钮可以完成路径的前期绘制工作。如图 4—21 所示。

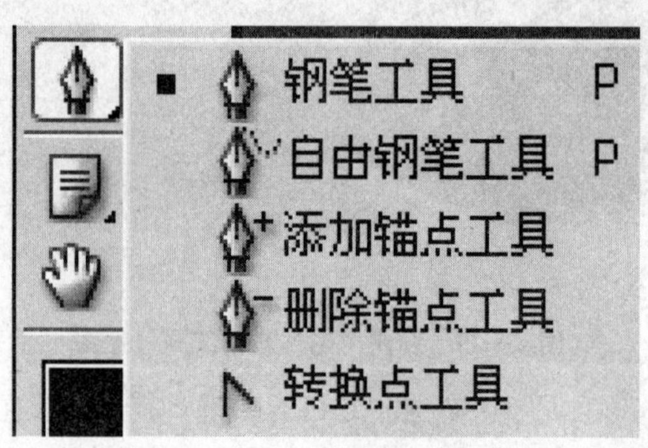

图 4—21　“钢笔工具”的五个按钮

下面简单介绍一下如何利用“钢笔工具”抠图。

(1) 打开素材图片，如图 4—22 所示。

(2) 单击工具箱中的“钢笔工具”按钮，此时工具栏设置如图 4—23 所示。

图 4—22　打开素材

图 4—23　“钢笔工具”属性

（3）在画布上连续单击绘制出路径，方法和前面提到的“套索工具”相似。在素材图片中，通过单击鼠标，从一个原点开始，沿着物体边缘开始抠图。每遇到一个转折点，单击一下鼠标，最后通过单击工具栏中的“钢笔工具”按钮结束。我们也可以在按住 Ctrl 键的同时在画布的任意位置单击，最后闭合时，将鼠标箭头靠近路径起点，箭头旁边出现一个小圆圈时，单击鼠标，将路径闭合。

具体在操作时一般会出现路径不贴合或路径没有切合主体的现象。如果发现路径不贴合物体，则调整路径方向。创建锚点时候单击并拖曳鼠标会出现一个曲率调杆，此时可以调节该锚点处曲线的曲率，从而绘制出贴合的路径曲线。也就是同时按住键盘上的 Alt 键来进行方向转变的操作。如果发现抠图路径没有切合主体，可以先按住 Ctrl 键然后单击鼠标，在节点中间添加新节点，然后再按 Ctrl 键移动节点位置。

（4）仔细调节好每个节点和路径曲线，然后转到“路径”面板，将抠取的衣服提取出来，如图 4—24 所示。路径变成流动的虚线框，主体图片即可方便取出，如图 4—25 所示。回到“图层”面板，按键盘上的 shift＋Ctrl＋I 键反选，选择不要的背景图片，按键盘上的 Delete 键清除，再按 Ctrl＋D 键取消选择。

若需要给商品换个背景，可选择工具栏中的“油漆桶工具”，然后在工具栏选择图案，将选择对比度、但色彩比较柔和的图案填充到背景里。如图 4—26 所示，用“油漆桶工具”把图案填充到背景画布中。

二、调整图片亮度

由于拍摄过程中白平衡没有调节好，照出来的商品图片有可能就会出现偏色，这样的照片如果放在网络上展示，消费者就会对商品颜色产生误解，引起不必要的纠纷，所以颜色的真实性很重要。

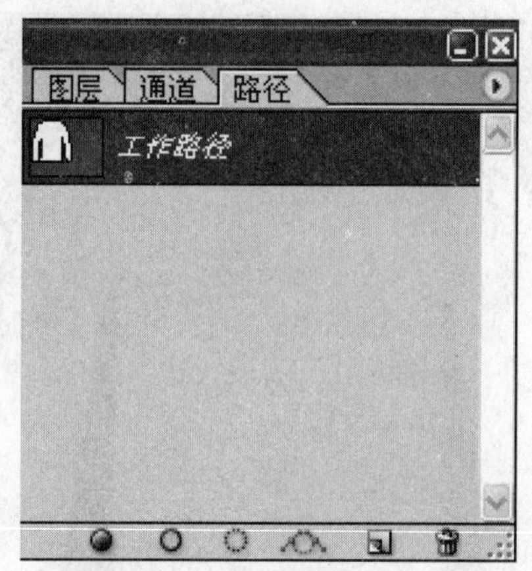

图 4—24　将路径载入

图 4—25　主体成虚线框

图 4—26　选择“油漆桶工具”

1. 调整光线过暗的图片

打开需要调整的图片，如图 4—27 所示。

图 4—27　打开光线过暗的原始图片

单击图像下拉栏中的“调整—曲线”命令，如图 4—28 所示。然后将中间的曲线往上拉动，如图 4—29 所示。最后得到调整好的图片，如图 4—30 所示。

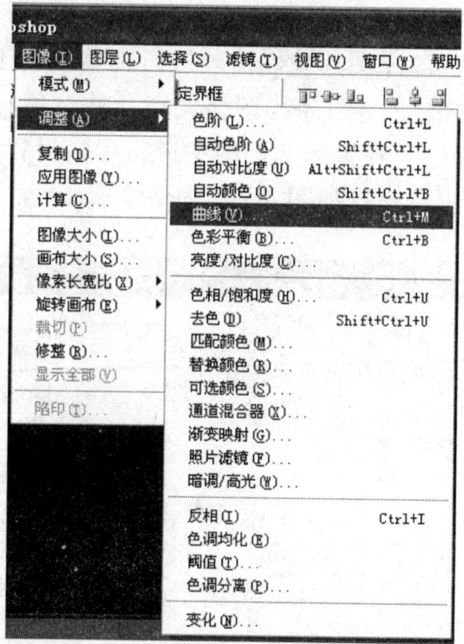

图 4—28　单击“调整—曲线”命令

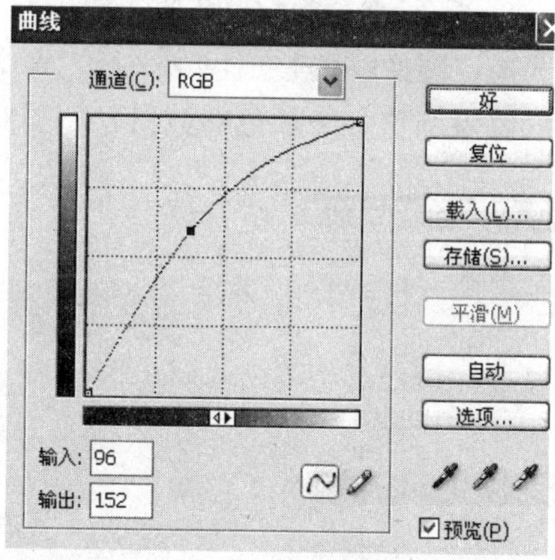

图 4—29　调整曲线

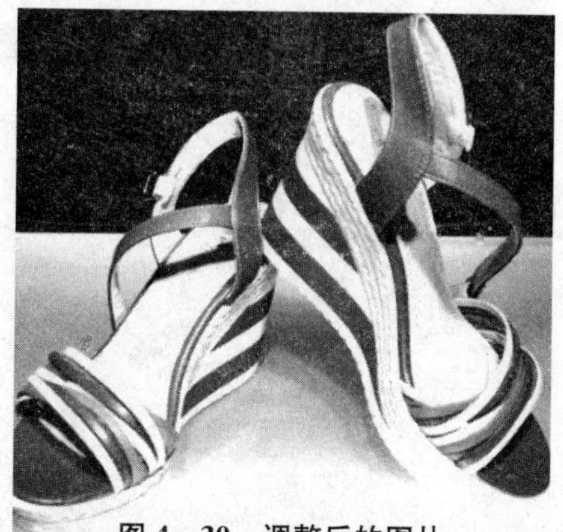

图 4—30　调整后的图片

2. 调整光线过亮的图片

对于光线过亮导致失真的商品图片我们需要进行调整。具体操作如下：

首先用 PS 打开需要调整的素材图片，调整大小，并对色彩偏差进行调整。选择“图像—调整—色相/饱和度”命令，在弹出的面板中进行参数设置，在“预览”选项中打钩，可以根据所见的效果进行颜色调整，如图 4—31 所示。

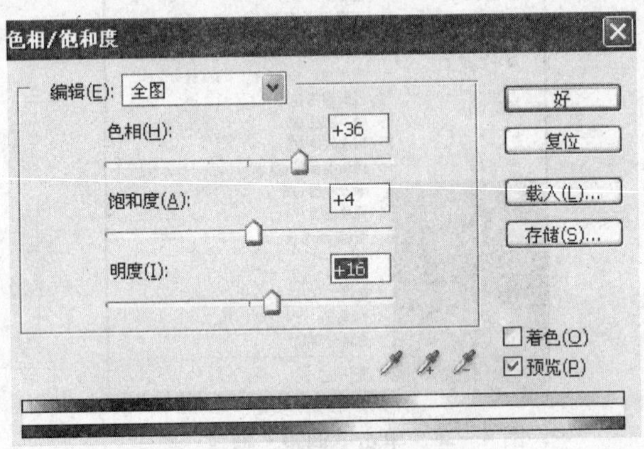

图 4—31 设置色相/饱和度

接下来做进一步调整，选择“图像—调整—色彩平衡”命令，如图 4—32 所示。在弹出的对话框中，根据“预览”效果调整各个颜色的数值，如图 4—33 所示。

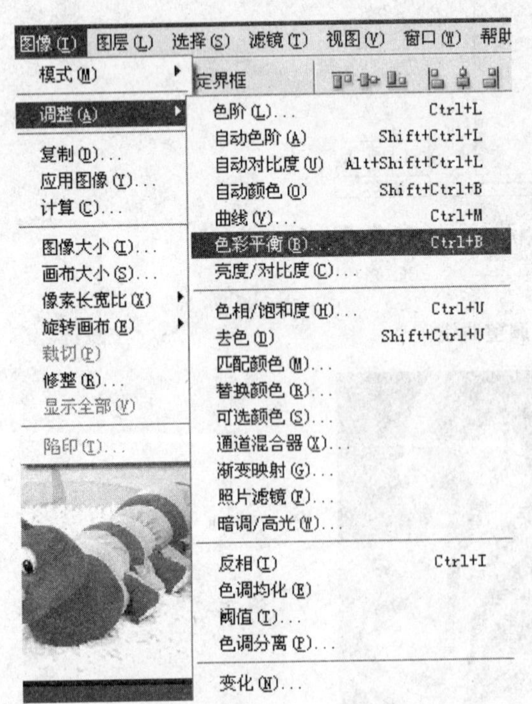

图 4—32 选择“色彩平衡”

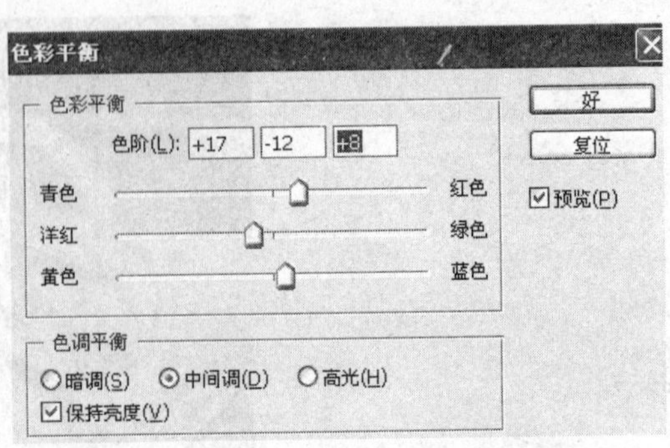

图 4—33 设置色彩平衡参数

这样图片基本修整完成。如果觉得图片亮度还不够，可以继续调整。

三、加载水印

加载水印的方式如下：

打开 Photoshop，对图片设置前景色，颜色自定义，如图 4—34 所示。然后在图片上输入想输入的文字。

在“图层”面板将填充值设置为 0%，如图 4—35 所示。这个时候，图像上的文字就不见了。进入文字层的“图层样式”，将“投影”项打钩，如图 4—36 所示。

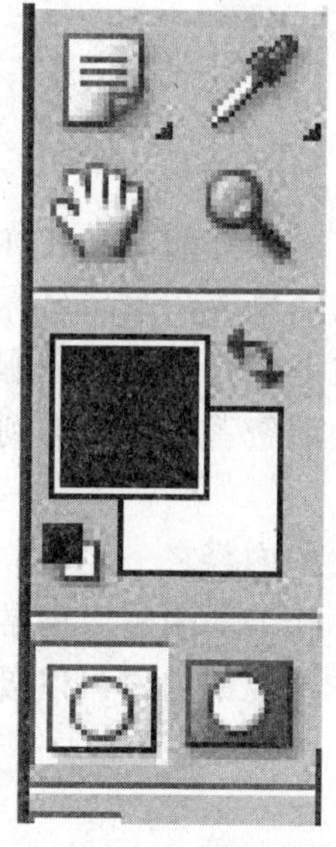

图 4—34　编辑前景色

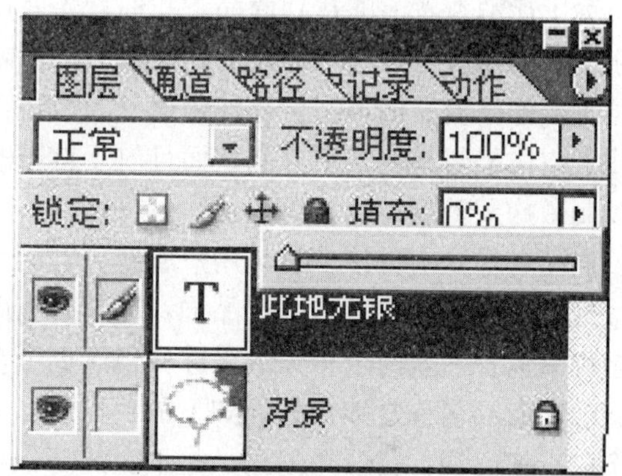

图 4—35　编辑“图层”面板

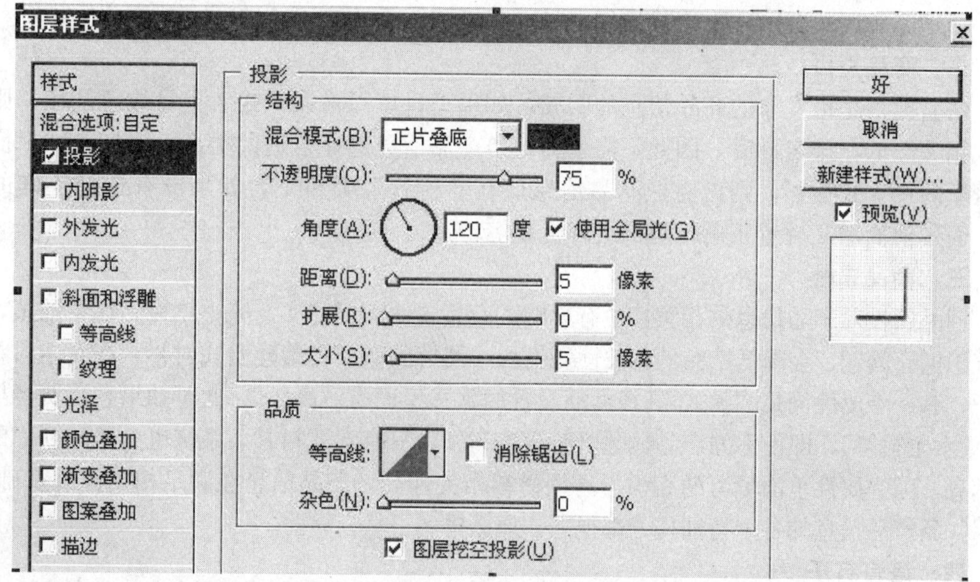

图 4—36　编辑“图层样式”

任务四　商品编辑

情境导入

商品图片已经处理好，要如何编辑商品才能让商品脱颖而出，塑造网店的形象和品牌呢？

知识探究

一、商品名称

为了让消费者能够找到商品，我们首先要设置一个好名字。一个好的商品名称，连关键字所处的位置也是精心设计的，商家会把最希望消费者看到的信息放在商品名称最醒目的位置。如果商品侧重特价、促销信息的传达，那么这些促销关键字就应该用最醒目的符号或者空格来与其他文字分割，而且放于首尾的效果更醒目，让消费者很容易看到促销信息，刺激购买欲望。

商品名称是衡量该产品与用户所搜关键词是否相关的最重要的内容之一。名称的填写尽量规范化，不要堆砌多个产品词，即不要在商品名称里填写不相关的内容。通常一个产品名称只包含一至两个相关的名称。当然也可在名称里面加入一些促销内容，以吸引消费者眼球。商品名称常涉及的词如下：

（1）核心词：行业热门词，是不变的部分，影响点击率。

（2）属性词：是可变的词，商品类别、规格、功用介绍、商品基本情况（如长度、颜色），影响点击率。

（3）流量词：表示实际流量的词，是可替换的。

二、商品类目

商品类目是指发布的商品信息的归属，如果类目填写错误，或者类目故意乱填，则会导致相关性低，排名靠后。因此，需要为每条产品信息选择合适的类目。例如，如果商品是蕾丝高领女式衬衫，则需要把商品信息放在“衬衫”类目下，如果没有选择正确的类目，而其他商家又放置正确，那么会降低排名。

三、商品属性

商品属性对产品信息的相关性也有影响，商品属性需要如实、完整填写。如果乱填，被系统识别有问题，会降低产品的相关性。例如，销售的商品是蕾丝女式衬衫，在女士衬衫类目下，有一个属性词是“款式”，该商品设置的款式里面有“高领”，此时如果有消费者搜索“高领女士衬衫”，即使你的产品标题里面没有高领，只有女式衬衫，系统也会匹配到你的商品信息，因为属性里面填写的高领与高领衬衫相关性高。产品信息在满足相关性的基础上，如果一条产品信息的各个特征得分都很高，那么排名自然会靠前。

四、语言钉子

每个消费者都有两个半脑，一个负责语言，一个负责视觉，不少企业曾用兼具震撼力

与宣传力的视觉形象，但没有成功，为什么？因为他们只关注到视觉的呈现而没有发现文字的重要性，就像拥有美丽的面孔却没有内涵的少女，很难让人印象深刻。文字是语言钉子，比如耐克的 Just do it——想做就做，苹果公司的 Think different——非同凡想，宝马的 The ultimate driving machine——终极驾驶机器，这些文字阐释了企业的理念和定位。耐克代表永争第一的精神，苹果代表与众不同的品位，宝马代表自身的品质与价值。例如，脑白金的广告词，如图 4—37 所示。

图 4—37　脑白金广告词

图片来源：百度图库。

五、视觉锤

视觉锤，简单来讲，就是产品或品牌的视觉呈现。视觉可能比文字让人印象更深刻，比如耐克的钩子、麦当劳的金色拱门、苹果公司的苹果等。这些视觉锤相对于企业的文字宣传更具有冲击力，也更有利于加深大众对品牌的记忆，如图 4—38 所示。

图 4—38　视觉锤

图片来源：百度图库。

六、商品 VI

商品 VI，即视觉识别，将 CI 非可视内容转化成为静态的视觉识别符号，它最主要的特征是具有外在的、直接的传播力和感染力，能透过视觉符号的设计统一化来传达精神与经营理念，有效地推广企业及其产品的知名度和形象。网络商品的 VI 包括企业（团队）

名称、品牌标志、标准字体、标准图形、标准色彩等要素。

商品VI可以反复应用，不断加深消费者的印象，一方面让消费者看到这个图形就能联想到产品或店铺，另一方面可以营造团队的VI形象，让消费者增加信任感。

七、商品详情

商品详情页是吸引消费者产生购买行为的最终页面，决定着大多数商品的成交。商品详情页的设计需要挖掘、引导顾客的需求，通过商品功能展示引发顾客的兴趣，通过情景再现激发顾客的潜在需求，通过图文并茂的商品外形、细节与顾客达成共鸣，向顾客展示商品，最终使顾客购买商品。商品详情整体布局如图4—39所示。

第一，系统自动标记的属性放在最前面，但这里的属性设置诸如品牌、颜色、尺码等要注明清楚。如果是知名品牌而且是正品，则应给买家一个强化提醒。

第二，买家必读中的付款方式、售后、物流、尺寸量法等信息一般可以放在详情最底部，当然，如果有特别重要的提醒，可以放在“商品属性”和“商品图片”之间。这里的信息固然重要，但它不是让消费者产生购买欲望的信息，反而是在产生购买欲望后决定购买前的一些参考信息和提醒信息，因此可以放在详情偏后的位置。

第三，店铺重大促销活动可以视具体情况放置在详情偏顶部位置。看到的堆头是一样的。要让买家一进入就能感受到促销的巨大拉力。另外，可在底部介绍一些与此款商品搭配的相关商品，再次刺激消费。

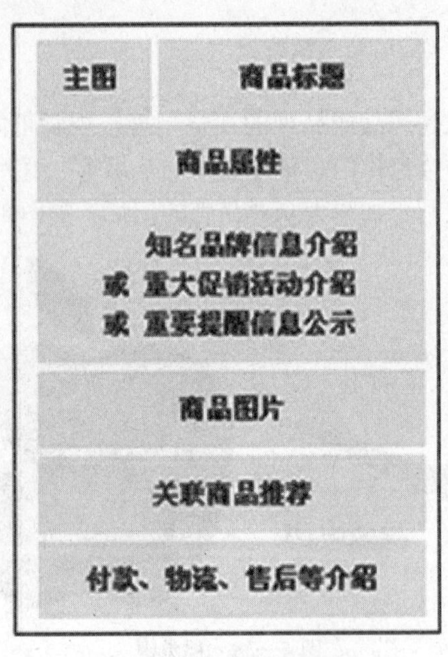

图4—39　商品详情布局

拓展练习

根据图4—39中讲解的商品详情布局图设计完成一个产品的详情设置，产品品类不限。

任务五　商品管理

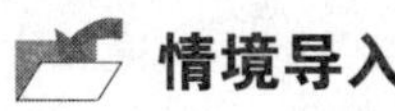

情境导入

小王对商品编辑完成后，需要进行上架处理，并完成商品管理。那么，商品的管理都需要完成什么？

知识探究

一、首页设计

首页设计包括多个版块的设计，如商品推荐版块、店标版块、图片轮播版块、自定义版块等部分。

首先进入“店铺管理”页面，点击“马上装修”按钮，登录后台装饰页面。进入装饰页面后，点击页面上方的“装饰”按钮后要先选择样式编辑，在进行店铺装修之前，需要先从整体上设定一个主色调。在选取主色调的时候需要考虑所选择的色彩是否符合产品或者经营理念。当产品有一定的统一度，颜色大致相近的时候，可以选用产品的色彩来构建首页的主色调；如果产品的颜色很多，此时可以采用概念取色，如该产品是在节日中使用，可以采用红色的基调，如图 4—40 所示。

图 4—40　首页主色调

图片来源：京东商城。

二、商品橱窗推荐

商品橱窗推荐是商城提供给经营者展示和推荐商品的一种服务。合理利用这些橱窗推荐位，将大大增加商品浏览量和点击率。网店经营者可以在图 4—41 所示的窗口中操作，完成商品推荐工作，根据经营者的开店时间、信用等级、交易量及客户满意度等因素来确定橱窗推荐数量。为网店中优质特色商品进行橱窗推荐，很容易提高店铺点击率。

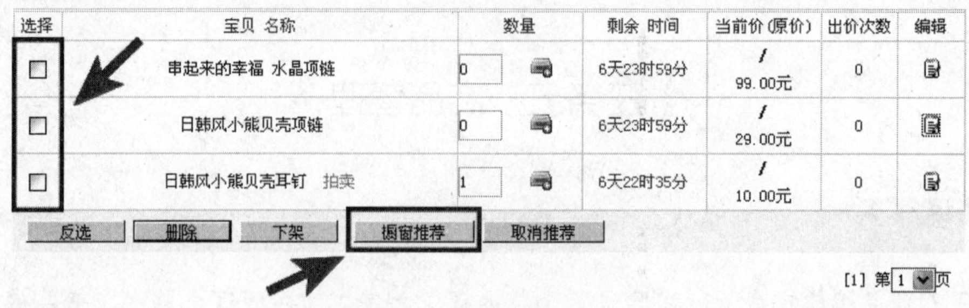

图 4—41 商品橱窗推荐

三、店标设计制作

招牌是指挂在商店门前作为标志的牌子，主要用来指示店铺的名称和记号，也称为店标。一个网店的店标可作为一个店铺的形象参考，给人的感觉是最直观的。好的店标可以反映网店名字、经营理念和范围，代表店铺的风格、店主的品位、产品的特性，也可起到宣传的作用。所以，需要技术人员针对网店需要设计特色店标，即店标美化，如图 4—42 所示。

图 4—42 店标设计

下面介绍如何利用制作图片软件 Photoshop 和 ImageReady 制作动态店标。

（1）选择"文件—新建"命令，弹出"新建"对话框，设置尺寸为 100px×100px，命名为"店标"，如图 4—43 所示。

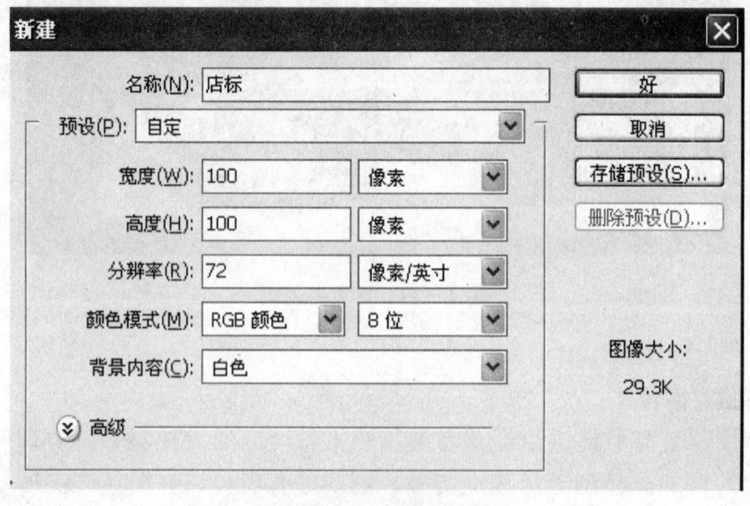

图 4—43 新建店标文件

（2）打开准备好的素材图片，将制作好的一张或几张特色商品的展示图片放好，为了方便查看，将图层命名。

(3) 选择上面已处理好的图层——在左侧工具最底部，单击“在 ImageReady 中编辑”，将重叠的图片转至 ImageReady 页面进行处理。

(4) 在 ImageReady 中，在最顶上的“窗口—动画”选项中打钩，调出软件操作界面。出现图片导入 ImageReady 后的第一帧界面，接着回到 ImageReady 动画窗口，制作店标动画效果，这里需要再新建一个帧。方法是单击其最左上面的小三角“选择—新建帧”，如图 4—44 所示。

(5) 帧制作完后，要调整每一帧显示的时间。当点开 ImageReady 动画窗口图片底部“0 秒”的下拉框时，会有一系列时间显示，在这里可统一设置每一帧显示时间为 0.2 秒或其他速度，如图 4—45 所示。

图 4—44　新建帧

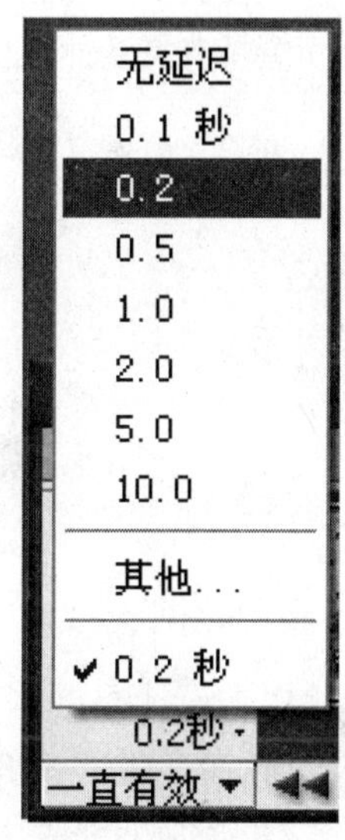

图 4—45　设置每帧时间

(6) 制作好后，开始播放。单击“播放”按钮，观看整个效果。店标的制作很容易，最重要的是如何将店标进行美化使商品和网店的意境相融合，让人印象深刻。

四、轮播图片

轮播图片又称为 Banner，它几乎在所有网站中都能看到，也是目前最常用的一种网站广告形式。图片轮播位于首页主区，是一个非常重要的产品展示模块，它将多张广告图片以滚动轮播的方式进行动态展示，可以更直观、更生动地表达商品的特点。在首页主区内可以重复添加最多六个图片轮播模块，位置可以上下调动，方便与其他模块之间的互相搭配。

1. 图片轮播规格

点击模块中的“编辑”按钮，可以看到图片轮播的规格参数。模块宽度是默认的 950px，高度是可以自定义的，图片大小不超过 2MB 为宜。一个图片轮播模块可以添加 5 张图片，每张图片可以添加一个相应的产品链接。图片轮播上传要求如图 4—46 所示。

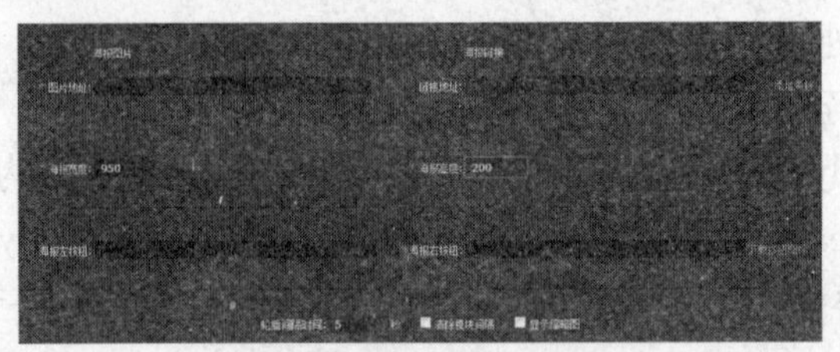

图 4—46　图片轮播上传要求

2. 轮播图片设计

在同一个图片轮播模块中，图片的大小要统一；而在不同图片轮播模块中，可以灵活地设置图片高度。在首页下面我们可以添加另外的图片轮播模块，可以设置不同的图片尺寸，这样排列会使页面更具有灵活性，也能更好地展示不同的产品，如图 4—47 所示。

图 4—47　轮播图片

图片来源：淘宝网。

3、轮播广告设计要点

（1）设计轮播广告的目的是吸引用户注意，从而促使消费者点击。一个优秀的广告首先要做到的就是必须能够吸引用户浏览。用户浏览网页的时间一般也就十几秒，因此，轮播广告必须能在第一时间内吸引消费者的眼球。在设计轮播广告时，必须要考虑消费者的浏览习惯，也就是在消费者只看一眼的时候，就要引起消费者足够的重视。所以，轮播广告的第一感觉就变得尤为重要。轮播广告图设计示例如图 4—48 所示。

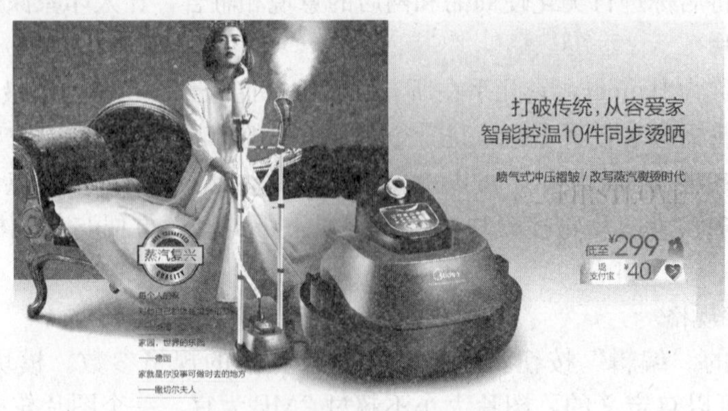

图 4—48　轮播广告图设计示例（1）

图片来源：淘宝网。

（2）轮播广告中的内容与图片要统一。轮播广告需要保持文字简短，重点突出，能在第一时间将重要的信息告知消费者，如图 4—49 所示。

图 4—49 轮播广告图设计示例（2）

图片来源：淘宝网。

（3）设计轮播广告图片的目的如果是以品牌推广为主，那么企业标志和企业文化将是广告图设计的重点。即便不是以品牌为主的轮播广告，也有必要加入一些标志、企业文化或宣传口号，如图 4—50 所示。

图 4—50 轮播广告图设计示例（3）

图片来源：唯品会。

（4）轮播广告的形状一般为矩形，横幅状，左右结构，居中放置。轮播广告的文字一般采用主题式，分为主标题和副标题，设计的时候还要考虑应用网站各种尺寸推广图的可读性。轮播图片的传达载体为屏幕，应处于屏幕的第一屏位置，让消费者焦点停留时间在 3 秒以上。

五、文案策划

文案指的是企业中以文字来表现已经制定的创业策略的方案。文案不同于画面或其他表现手段，它与广告创业先后相继，形成一个表现、发展、深化的过程。

文案在平台应用的主要方面有产品内页文案和活动广告语，次要方面有宣传语、购物指南等。图 4—51 为海报文案。

图 4—51　海报文案

图片来源：唯品会。

1. 店标文案

受店标尺寸影响，从整体设计角度来分析，店标需要极度精炼。店标可以放置店铺名称、团队名称、LOGO、团队运营理念、产品信息等，如图 4—52 所示。

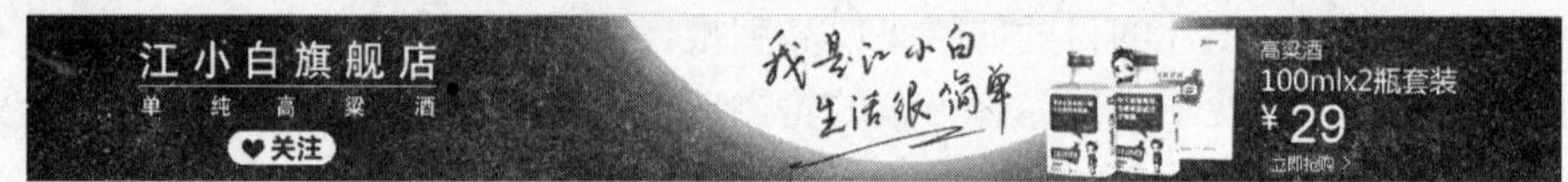

图 4—52　店标文案

图片来源：淘宝网。

2. 图片轮播文案

一个图片轮播模块可以有 5 个广告图，每个广告图都需要有相应的文案，如图 4—53 所示。也可以放置一个关于企业文化的设计图片，展示店铺的软实力，增加消费者的信任度。

图 4—53　图片轮播文案

图片来源：唯品会。

3. 自定义区域文案

即在这个区域可以按照店铺运营及设计的风格打造文案，相对比较自由。如图 4—54 所示。其可以添加海报文案，也可以在单个产品中加入促销式文案，比如“满减”等。

图 4—54　自定义区域文案

图片来源：唯品会。

4、侧边栏推荐文案

侧边栏大多数情况下是自定义模块，只是放的内容不同。在这里可以推荐热卖产品，也可以展示企业或团队的形象等。我们可以根据所放内容的不同制作相应的文案，如图 4—55 所示。

图 4—55　侧边栏推荐文案

图片来源：淘宝网。

拓展练习

团队合作完成商品编辑后，将各自商品进行上架处理。要求每个团队至少完成 3～5 种商品的上架工作。

项目五　网络营销工具推广

学习目标

1. 知识目标

能够掌握网络广告、SNS、公众平台等电子商务推广方式和手段，开展 O2O 模式等电子商务活动，实现企业推广和品牌维护。

2. 能力目标

能够熟练使用各种网络营销推广工具，完成以互联网为主要手段开展的企业营销活动。

3. 素质目标

学会团队合作、创新应用。

案例引入

某传统乳品企业想组建电子商务事业部开展电子商务运营。在电子商务运营推广的过程中该部门人员发现网络不同于传统媒介，不能硬性地推销，需要针对每一个单独的受众进行营销活动。一方面要考虑群体的共性，另一方面还要考虑个性，所以首选在公众平台上开通订阅号用以宣传企业及其产品。可是作为一个传统企业，应该如何开通订阅号？又该如何对其进行管理呢？

任务一　网络推广方式认知

情境导入

如何选择适合受众的网络营销推广方式？

知识探究

一、网络推广

网络推广就是利用互联网进行宣传推广活动。被推广对象可以是企业，可以是产品，也可以是政府、个人等。网络推广是企业整体营销战略的一个组成部分，是建立在互联网基础之上、借助于互联网的特性来实现一定营销目标的一种营销手段。

二、SNS

SNS，全称 Social Networking Services，即社会性网络服务，是指专旨帮助人们建立社会性网络的互联网应用服务。因此，严格地讲，目前国内的大部分 SNS 网站并非 Social Networking Services（社会性网络服务），而只是 Social Network Site（社交网站）。

三、网络广告

网络广告是指利用互联网载体，通过图文或多媒体方式发布的营利性商业广告。它是利用数字技术制作和表现的基于互联网的广告，其本质上属于传统宣传模式，只不过载体不同。

1. 弹出式广告

弹出式广告也称“间隙广告”“插入式广告”“弹跳广告”，即在用户点击进入某网页时会跳出一个窗口，这个窗口往往会吸引人们去点击。弹出式广告如图 5—1 所示。

图 5—1　弹出式广告

2. 旗帜广告

旗帜广告又名“横幅广告”，是互联网上最常见、最有效的广告形式。最常用的广告尺寸是 468 像素×60 像素（或 80 像素）或 400 像素×40 像素（pixels）。它是以 Gif、Jpg 等格式建立的图像文件，定位在网页中，大多用来表现广告内容，同时还可使用 Java 等语言使其产生交互性，用 Flash 等工具增强表现力。随着网络技术的发展，旗帜广告经历了静态、动态以及富媒体（Rich Media）的演变过程。旗帜广告如图 5—2 所示。

3. 按钮广告

按钮广告有时也被称为“图标广告”，它显示的是公司或产品/品牌的标志。最常用的按钮广告尺寸有 5 种，它们分别是：125 像素×125 像素（方形按钮），120 像素×90 像

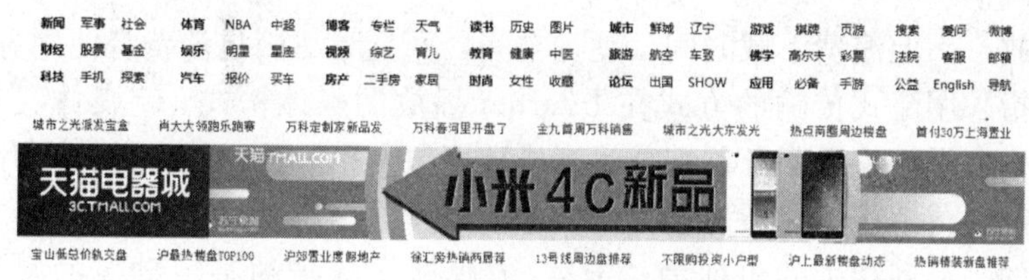

图 5—2　旗帜广告

素，120 像素×60 像素，100 像素×30 像素，88 像素×31 像素。按钮广告定位在网页中，由于尺寸偏小，表现手法较简单，如图 5—3 所示。

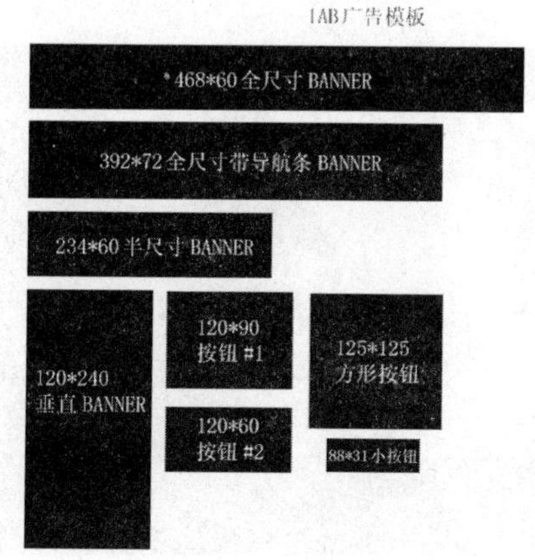

图 5—3　按钮广告

4. 浮动广告

浮动广告是互联网上较为流行的一种广告形式。当拖动浏览器的滚动条时，这种在页面上浮动的广告，可以跟随屏幕一起移动或者自行移动。这种形式对于广告内容的展示有一定的实用价值，但妨碍了浏览者阅读，影响了浏览者的阅读兴趣，因此，不能滥用浮动广告。浮动广告如图 5—4 所示。

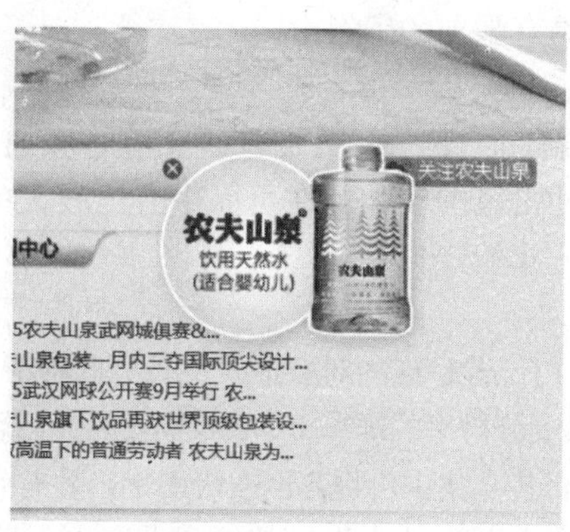

图 5—4　浮动广告

5. 流媒体（Streaming Media）广告

过去人们想从网络上观看影片或听音乐时，必须先将影音文件下载至计算机储存后，才可以点选播放，不但浪费下载时间、硬盘空间，而且无法满足消费者使用方便的需要。

流媒体是指采用流式传输的方式在 Internet 播放的媒体格式。流媒体又叫流式媒体，它是指商家用一个视频传送服务器把节目当成数据包发出，传送到网络上，用户通过解压设备对这些数据进行解压后，节目就会像发送前那样显示出来。

这个过程的一系列相关的包称为“流”。流媒体实际指的是一种新的媒体传送方式，而非一种新的媒体。流媒体技术全面应用后，人们在网上聊天可直接进行语音输入。如果想彼此看见对方的容貌、表情，只要双方各有一个摄像头就可以了。在网上看到感兴趣的商品，点击以后，讲解员和商品的影像就会跳出来，更有真实感的影像新闻也会出现。流媒体广告如图 5—5 所示。

图 5—5　流媒体广告

图片来源：优酷网。

6. 文字链接广告

文字链接广告可通过一般性的简短文字描述，直接链接到客户的广告内容页面上展示。广告简单明了，直接涵盖主题，对访问者而言具有较强的针对性和引导性。

7. 全屏广告

全屏广告会全屏覆盖，具有强烈的感召力。

8. 画中画广告

画中画广告一般存在于新闻、娱乐、数据、研究等各频道文本窗口中。它的篇幅较大，信息蕴含量丰富，视觉冲击范围较大。在页面中有比较大的吸引力，加上使用 Flash 的动态与声音效果，点击率比旗帜广告高。

9. 对联广告

对联广告是在页面两侧空白位置呈现的对联形式广告，此种形式的广告因版面所限，仅表现于 1024 像素×768 像素及以上分辨率的屏幕上，800 像素×600 像素分辨率下无法观看。它的特点是不干涉使用者浏览，注目焦点集中可提高网友吸引率，并有效传播广告相关讯息。

除了以上广告形式，还有电子邮件广告、邮件列表广告、墙纸式广告、互动游戏式广告、竞赛推广式广告等。

10. 网络游戏广告

网络游戏又称“在线游戏”，简称“网游”，是指以互联网为传输媒介，以游戏运营商

服务器和用户计算机为处理终端，以游戏客户端软件为信息交互窗口的，旨在实现娱乐、休闲、交流和取得虚拟成就的，具有可持续性的个体性多人在线游戏。在网络游戏中根据用户的性格喜好及所处地域特征发布有针对性的广告，即“网游广告”。

四、搜索引擎推广

搜索引擎推广是指利用搜索引擎、分类目录等具有在线检索信息功能的网络工具进行网站推广的方法。由于搜索引擎的基本形式可以分为网络蜘蛛形搜索引擎（简称搜索引擎）和基于人工分类目录的搜索引擎（简称分类目录），因此搜索引擎推广的形式也相应地有基于搜索引擎的方法和基于分类目录的方法。前者包括搜索引擎优化、关键词广告、竞价排名、固定排名、基于内容定位的广告等多种形式；而后者则主要是在分类目录合适的类别中进行网站登录。随着搜索引擎形式的进一步发展变化，也出现了其他形式的搜索引擎，不过大都是以这两种形式为基础的。

当然，不是所有的搜索结果都是靠一点点的点击率增长的，以百度等为领军的搜索引擎，为了自身的发展，会在一定范围内实行竞价排行。企业只要付出一定费用，就可以在同等条件下在网页上优先显示有关自己的搜索结果，并可以对一定量的关键词进行设定，使得网络用户可以最直截了当地找到自己想要的结果。从占领网络营销的制高点来说，搜索引擎永远是“第一枪”。

五、利用网络邮件进行精准营销

通过电子邮件等方式向目标客户传递有价值的信息，具有很强的针对性。由于电子邮箱的客户可以直接通过收到的链接实现网上购物，所以利用网络邮件推广比线下的DM广告更直接有效。利用网络邮件推广需要做好以下几方面工作：

1. 选择地址

要针对产品选择E-mail用户。比如某网店做现代时尚小家电，根据调查显示年轻人是时尚小家电消费中最主要的群体，所以客户锁定在年轻人E-mail用户群，其一般年龄在25～35岁。即最终我们锁定的年龄是25～35岁的E-mail用户。利用网络邮件进行精准营销要根据自己公司的产品来定位E-mail用户群，以便于宣传率达到最高。

2. 设置标题

宣传商品时，标题是最重要的一个环节。在设置标题的时候需要醒目，要让客户看到标题就有去点击内容的冲动。如果标题不够吸引人，那么目标客户群可能就不会去看邮件，甚至有可能会删除邮件。所以标题要让客户群知道这是他关心的内容，要有引人注目的卖点。

3. 确定内容

（1）文本格式。

E-mail文本应该简练，没有拼写错误，如果使用的E-mail程序是基于浏览器的，千万不要以HTML格式发送E-mail，因为这种格式在其他的E-mail程序里看起来很难看，不能以正确的方式显示，最好要以纯文本格式发送邮件。

（2）字符限制。

邮件的内容要简洁明了地让目标客户一看就知道是做什么的，字数不要太长，一般在200字以内。同时要保持行长度，不要让人从左到右翻页来阅读邮件，6 070个字符一般是每行的最大长度。

(3) 避开垃圾字词。

群发邮件时，一定要注意邮件内容的字词书写。很多网站的邮件服务器为过滤垃圾邮件设置了常用垃圾字词过滤，如果邮件内容中包含大量、宣传、钱、第一等字词，服务器有可能过滤掉该邮件。因此在书写邮件内容时应尽量避开有垃圾字词嫌疑的文字和词语，以保证顺利发出邮件。

(4) 多用礼貌用语。

多用礼貌用语，比如“您”“请”“谢谢”等字词。给生硬的电脑语言赋予人情味，往往会达到较好的效果。

4. 设置签名

正确使用签名的意义，就像常规信笺的信头一样，可以明确发函人的身份、联系方法。它也是一种重要的品牌营销资源。设计精巧的签名文件，会给收函人留下良好的印象。具体要求如下：

(1) 签名要简单整齐。

签名不能用特别的字符，内容保持在5行以内，一般包括联系人、部门、公司名称、联系方式、一句话广告语等。如果内容太多、太长，容易影响邮件正文的表达。

(2) 签名要因人而异。

不同的邮件发送对象可以使用不同的签名，即可以依据具体客户和产品、服务制定不同版本的签名，灵活使用。

(3) 签名邮件要居左。

签名邮件要居左而不是居中或者居右。原因在于字符大小在不同机器上的显示不一样，如果居中或者居右，整齐的排版就会变得凌乱。

(4) 签名文件与邮件正文之间的距离不要太长。

需要将签名文件与邮件正文二者信息区分开，一般情况下为三行。签名和正文直接要有一条“”的分界线。这条分界线是必不可少的，因为没有它，读者会误以为签名是邮件正文的一部分。

(5) 签名不使用特殊意义的符号。

不要使用类似<><><><><><>或＄＄＄＄＄＄＄＄＄＄＄＄＄之类的醒目符号。因为以上符号容易让读者将发件人联想为“快速致富”的招牌行骗的营销者，这类符号几乎是这类人群的身份标志。

(6) 签名要预先测试。

无论创建还是更改签名文件，首先都必须进行测试。方法是给自己发一封邮件，在不同的电脑看签名文件的效果。预试的内容为：是否在邮件窗口的宽度之内；有无折行；文件中的链接是否正确；整体效果感觉是否达到预期要求。

5. 发送邮件

在发邮件之前一定要把写的内容审核一下。发送电子邮件时注意不要将附件作为邮件内容的一部分，而应该使用链接的形式使接收邮件人进入你想让他们看到的网页内容，如图5—6所示。这是因为邮件系统会过滤附件或限制附件大小，以免给客户带入病毒。

图 5—6　邮件链接

图片来源：京东网。

6. 评价效果

目前评价网络广告效果多采用点击率和回应率，但是评价 E-mail 营销的效果却不能完全依赖点击率和回应率。因为 E-mail 营销是一个长期的过程，潜移默化地产生作用。因为 E-mail 营销不但可以达到最直接的目的，而且有助于发件人与顾客保持紧密联系，并逐渐影响其对推广产品或服务的印象。

六、利用网络论坛分享媒体沟通

论坛的发展也如同网络，雨后春笋般地出现，并迅速地发展壮大。现在的论坛几乎涵盖了生活的各个方面，几乎每一个人都可以找到自己感兴趣或者需要了解的专题性论坛。各类综合性门户网站或者功能性专题网站也都青睐于开设自己的论坛，以促进网友之间的交流，增加互动性，丰富网站的内容。

推广者在具有高度集中和共享的论坛中，可发表有代表性的言论并适当引导。此种方法目标范围集中，针对性强。论坛是一个可自由发表言论的空间，大多数人有相同或相近的爱好，并活跃在一起，这使得每一个参与者都成了无形的信息传播者和接受者。网友们在论坛中分享自己的交易经验，可为后来者提供参考。所以论坛已逐渐发展成为最好的口碑传播平台。如图 5—7 所示的跑吧论坛里面聚集着大量马拉松爱好者和相关的运动产品经营者。

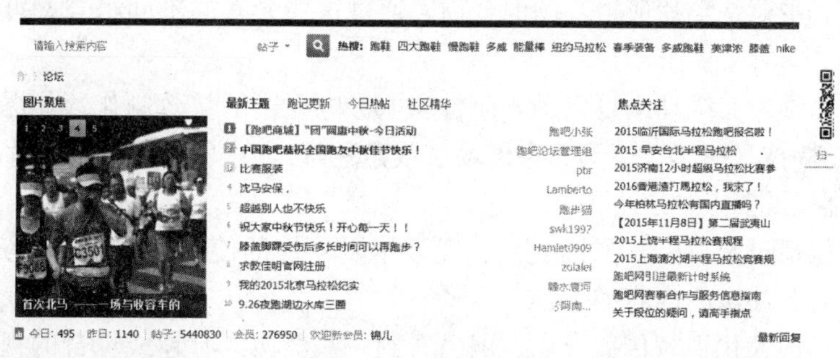

图 5—7　跑吧论坛

七、视频营销

视频营销是指企业将各种视频短片以各种形式放到互联网上，以达到一定宣传目的的营销手段。

消费者的大脑分为右脑和左脑两个部分，右脑负责处理视觉信息，左脑负责处理文字信息，两者相互影响。而视觉往往先于文字被大脑接受，最容易留下深刻的印象。随着高速网络的发展，在各大视频网站上传视频、投放视频内容已经非常方便。尤其是在微电影流行的年代，一部 DV 就可以实现一个小小的电影梦。在其中穿插产品或企业理念，在不产生违和感的前提下，能让观众因为剧情而共鸣。例如，依云矿泉水的“轮滑宝宝”视频，一群婴儿奇迹般地做出一些大人都无法完成的匪夷所思的高难度动作，在纽约中央公园玩起了 hiphop，既新奇又可爱，创造了亿万级别的点击量神话，并入选吉尼斯世界纪录，这个视频广告便是依云矿泉水的视频营销广告，如图 5—8 所示。

图 5—8　依云矿泉水的视频营销广告

图片来源：百度图库。

1. 视频营销的分类

视频营销可分为以下四类：

(1) 视频拍摄。主要采用 DV 或摄像机进行拍摄，关键点在视频策划与剪辑上。

(2) 网络视频。它最关键的是在内容策划上而不在拍摄技术上，拍摄技术多用 DV 拍摄，大制作成本的，可以用标清。

(3) Flash 动画。Flash 是美国 MACROMEDIA 公司于 1999 年 6 月推出的优秀网页动画设计软件。它是一种交互式动画设计工具，用它可以将音乐、声效、动画以及富有新意的界面融合在一起，以制作出高品质的动画效果。Flash 动画是“遮罩＋补间动画＋逐帧动画”与元件（主要是影片剪辑）的混合物，通过这些元素的不同组合，可以创建千变万化的效果。

(4) 三维动画。三维动画可以用于广告和电影电视剧的特效制作（如爆炸、烟雾、下雨、光效等）、特技（撞车、变形、虚幻场景或角色等）、广告产品展示、片头飞字等。

2. 制作流程及要点

制作过程包括设定目标、了解受众、视频编辑软件的使用、不断修改完善视频内容。在整个过程中需要注意的内容如下：

(1) 内容是最大化视频传播卖点。网民看到一些经典或有趣或惊奇的视频总是愿意主动去传播，自发地推广企业品牌信息，视频就会带着企业的信息在互联网以“病毒”扩散的方式蔓延，因此视频的内容决定了传播的广度。

（2）力争上频道首页。推广的时候也要注意标签、关键词的运用，这样利于搜索。

（3）增强视频互动性，提升参与度。网民的创造性是无穷的，与其等待网民被动接收视频信息，不如让网民主动参与传播的过程。

3. 视频剪辑软件

视频剪辑软件是对视频源进行非线性编辑的软件，属多媒体制作软件范畴。该类软件可通过对加入的图片、背景音乐、特效、场景等素材与视频进行重混合，对视频源进行切割、合并，通过二次编码，生成具有不同表现力的新视频。下面以“爱剪辑”软件为例讲解操作过程。

（1）在软件主界面顶部点击“视频”选项卡，在视频列表下方点击“添加视频”按钮，在弹出的文件选择框添加视频片段。添加视频进入“预览/截取”对话框后，在该对话框截取视频片段。如果不需要截取视频片段，可以直接点击“确定”按钮，将视频导入“爱剪辑”软件。如图 5—9 所示。

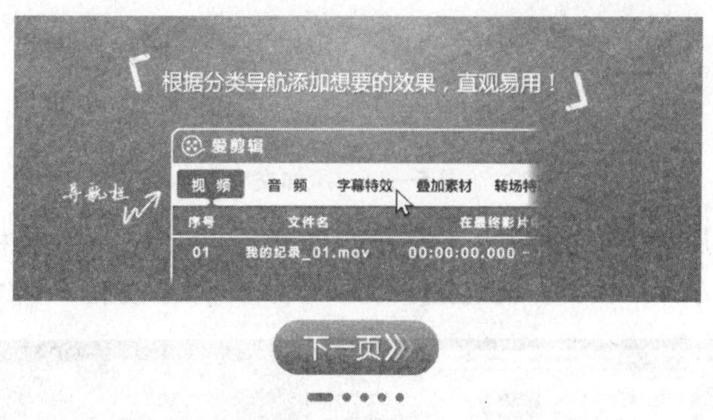

图 5—9 剪辑界面

（2）添加视频后，在“音频”面板点击“添加音频”按钮，在弹出的下拉框中，根据自己的需要选择“添加音效”或“添加背景音乐”，即可快速为要剪辑的视频配上背景音乐或相得益彰的音效。如图 5—10 所示。

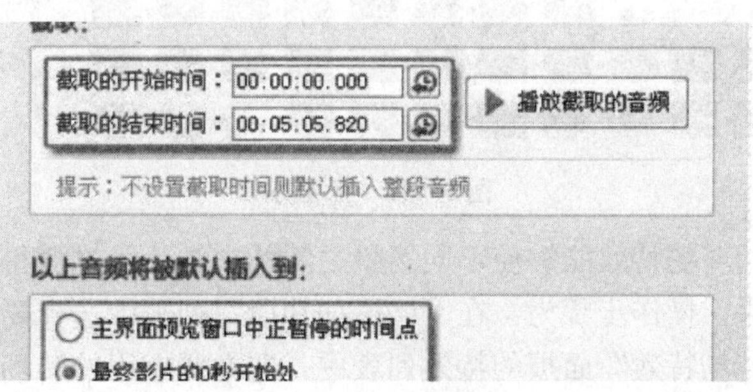

图 5—10 添加音频

（3）剪辑视频时，可能需要为视频添加字幕，使剪辑的视频表达情感或叙事更直接。其方法是在“字幕特效”面板右上角的视频预览框中，将时间进度条定位到要添加字幕的时间点，双击视频预览框，在弹出的对话框中输入字幕内容，然后在左侧字幕特效列表中，应用喜欢的字幕特效。如图 5—11 所示。

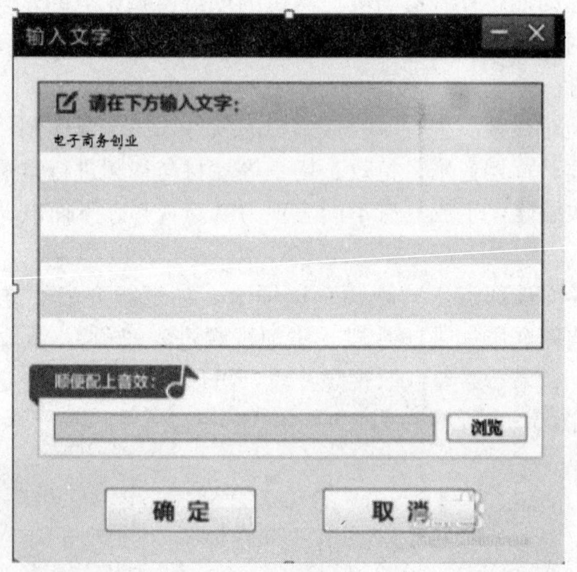

图 5—11　添加文字

（4）双击“叠加素材”面板右上角的视频预览框，在弹出的对话框中可为视频添加相框、贴图。在“去水印”栏目，设置去水印时间段和区域。如图 5—12 所示。

图 5—12　添加水印

（5）恰到好处的转场特效能够使不同场景之间的视频片段过渡得更加自然，并能实现一些特殊的视觉效果。操作步骤为：在“已添加片段”列表中选择要应用转场特效的视频片段缩略图，在“转场特效”面板的特效列表中，选中要应用的转场特效，然后点击“应用/修改”按钮。如图 5—13 所示。

（6）在剪辑视频过程中，我们可能需要中途停止，下次再进行视频剪辑，或以后对视频剪辑设置进行修改。此时只需在视频预览框左下角点击“保存所有设置”按钮，将所有设置保存为后缀名为 .mep 的工程文件，下次操作时通过“保存所有设置”按钮旁的“打

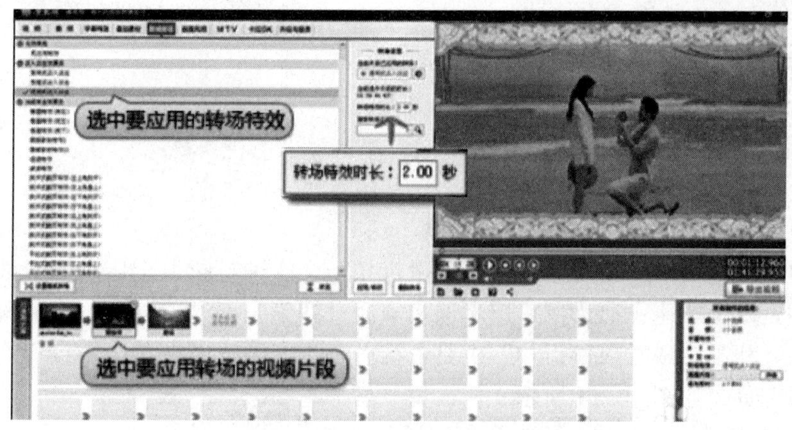

图 5—13　应用“转场特效”

开已有制作”按钮，加载保存好的 .mep 文件，即可继续视频剪辑，或在此基础上修改视频剪辑设置。

(7) 视频剪辑完毕后，点击视频预览框右下角的“导出视频”按钮，完成整个操作过程。

八、微营销

微营销是以移动互联网为主要沟通平台，配合传统网络媒体和大众媒体，通过有策略、可管理、持续性的线上线下沟通，建立和转化、强化顾客关系，实现客户价值的一系列过程。中国互联网协会网络营销工作委员会专家委员杜红超先生提出，从操作理念上，微营销更强调“潜移默化”“细节入微”和“精妙设计”。微营销的核心手段是客户关系管理，通过客户关系管理，实现路人变客户、客户变伙伴的过程。微营销的基本模式是拉新（发展新客户）、顾旧（转化老客户）和结盟（建立客户联盟），企业可以根据自己的客户资源情况，使用以上三种模式的一种或多种进行微营销。九种标准动作是吸引过客、归集访客、激活潜客、筛选试客、转化现客、培养忠客、挖掘大客、升级友客、结盟换客。本项目的任务三以微信公众平台——订阅号为例进行了详细讲解，在此就不展开细述了。

拓展练习

要求完成不少于 3 幅店铺首页的轮播广告，内容不限，可以结合网店商品、文化或节日、活动等，需要发布在各种网络店铺首页中。

任务二　网络推广工具认知

情境导入

小王的电子商务网络店铺已经建设完成，可是经营 1 个多月了，却没有达成一笔交易。小王在想：如何选择适合店铺的网络营销推广工具，才能让更多的消费群体知道我的店铺。

知识探究

一、网店自主推广

创建的网店自主推广活动包括限时限量折扣、全店铺打折、全店满立减活动、店铺优惠券活动等。以全球速卖通为例，速卖通卖家通过搜索页面“Sale Items（折扣产品）”结果筛选功能，利用“限时限量折扣”工具可推广打折商品，即有机会将打折商品展示在搜索结果的第一页。如图 5—14 所示。

图 5—14 展示界面

图片来源：阿里巴巴网。

创建活动的具体操作方法是：登录“我的速卖通”，点击“营销中心”，在“店铺活动”中选择“限时限量折扣”，点击“创建活动”，如图 5—15 所示。

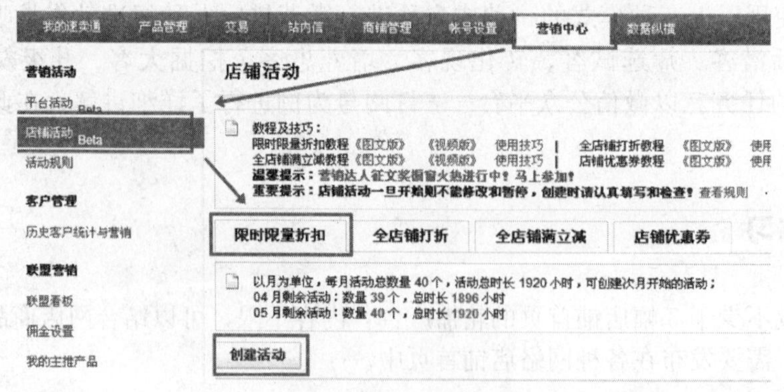

图 5—15 创建活动

限时限量折扣活动必须提前 12 小时创建，其他店铺活动必须提前 48 小时创建。限时限量折扣活动可以跨月创建，其他店铺活动的开始和结束时间必须在同一个月内，但是可以提前创建下一个月的活动。限时限量折扣活动一旦创建，活动商品即被锁定，无法编辑。如图 5—16 所示。

图 5—16　设置时间

二、网店首页推广

网店首页不仅是一个门面，还是一个营销推广工具。图 5—17 所示的网页充分利用店标和滚动横幅打造爆款，通过店标和滚动横幅为产品带来曝光量和订单。

图 5—17　网店首页推广案例

图片来源：淘宝网。

网店首页推广时一般将主推的产品放在店铺首页进行推荐，让消费者第一时间看到想主推的产品，增加产品曝光量和订单量。

三、橱窗位展示

橱窗推荐宝贝会集中在宝贝列表页面的橱窗推荐中显示，每个卖家可以根据信用级别与销售情况获得不同数量的橱窗推荐位。在每个商品详情页下方最多显示 6 个橱窗推荐位商品，店铺首页最多显示 8 个橱窗推荐位商品。在用户搜索商品的结果列表中，使用橱窗推荐位的商品会排行靠前，让推荐的商品被更多人浏览。如图 5—18 所示。

橱窗推荐位计算方法为总数＝基数＋奖惩。

规则	说明	信用分(卖家信用+<买家信用的一半>)	奖励数量
第一条	根据信用评价获得橱窗位基数	0~3分	5
4~10分	10		
11~40分	15		
41~90分	20		
91~150分	25		
151~250分	30		
251~1000分	35		
1001~5000分	40		
5001~10000分	45		
10001分及以上	50		
第二条	根据开店时间的扶持	开店时间少于3个月，3个月后不再享有	15
第三条	奖励或扣除	另行发布规则	另行通知

图 5—18　橱窗位展示规则

四、关联营销

关联营销是一种建立在双方互利互益基础上的营销。它是在交叉营销的基础上，在事物、产品、品牌等所要营销的东西上寻找关联性，以实现深层次的多面引导。关联营销也是一种新的、低成本的、企业在网站上用来提高收入的营销方法。关联营销有时候也叫绑缚营销，目前在很多店铺使用。关联营销即指一个宝贝页同时放了其他同类、同品牌可搭配的关联宝贝。其主要分为互补关联、替代关联和潜在关联等。

互补关联强调搭配的商品和主推商品有直接的相关性，如主推商品为上衣，那可以搭配裙子、包包等同场景产品。如图 5—19 所示。

图 5—19　互补关联图示

图片来源：淘宝网。

替代关联指主推商品和关联商品可以完全替代，如主推商品为圆领 T 恤，那么关联产

品可以是V领T恤，也可以是立领T恤等。如图5—20所示。

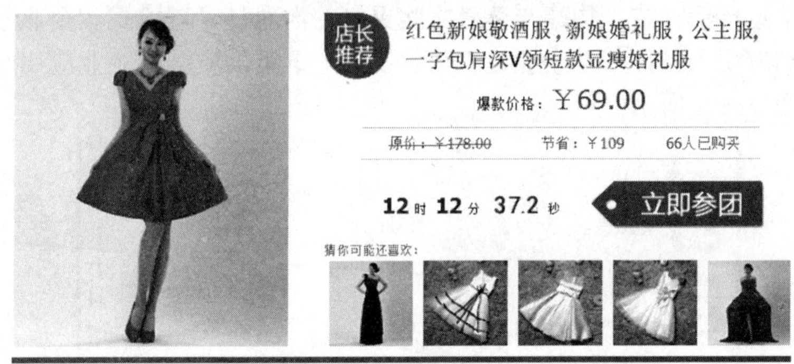

图5—20　替代关联图示

图片来源：淘宝网。

潜在关联重点强调潜在互补关系，这种搭配方式一般不推荐，但是针对多类目店铺时，可以考虑。如主推商品为泳衣，那潜在关联的商品可以为太阳镜。明面上，两种产品毫无关系，但是潜在意义上，买泳装的人可能在户外游泳，太阳镜也是需要的。

拓展练习

利用团队创建的网络店铺完成3种以上站内营销推广工具的使用，并形成使用分析报告。

任务三　微信营销

情境导入

某珠宝公司想把自己制作的首饰通过电子商务的方式进行推广，让更多的人了解和喜欢。该珠宝公司的经理经过调研知道了微信营销，打算先开通企业的订阅号，可是订阅号应该如何开通？怎么操作呢？

知识探究

一、微信营销概述

微信营销主要包括微信认证、增加有效粉丝、信息群发、站街（让同城微信用户均显示你的微信账号）、地理位置设置、自动打招呼加好友、自动回复消息等，是伴随着微信而走红的一种网络营销的方式。微信营销不受距离限制，用户注册后可与朋友圈里的“朋友”形成一种双向联系，可以订阅自己需要的信息，推广产品。未来的微信营销主要以线上线下O2O体验式营销为主，这一概念最早由微营销实战派专家刘秀光提出，也是未来移动互联网与传统行业的结合点，其重在客户体验，线上线下结合。

1. 公众号

公众号包括服务号、订阅号和企业号。其中服务号可给企业和组织提供更强大的业务服务与用户管理能力，帮助企业快速实现全新的公众号服务平台。订阅号可为媒体和个人提供一种新的信息传播方式，构建与读者之间更好的沟通与管理模式。企业号是指为企业或组织提供移动应用入口，帮助企业建立与员工、上下游供应链及企业应用间的连接。公众号的形式如图 5—21 所示。

图 5—21　公众号

2. 二维码

二维条码/二维码（2-dimensional bar code）是用某种特定的几何图形按一定规律在平面（二维方向上）分布的黑白相间的图形记录数据符号信息。它在代码编制上巧妙地利用构成计算机内部逻辑基础的“0”“1”比特流的概念，使用若干个与二进制相对应的几何形体来表示文字数值信息，通过图像输入设备或光电扫描设备自动识读以实现信息自动处理。它具有条码技术的一些共性：每种码制有其特定的字符集；每个字符占有一定的宽度；具有一定的校验功能等。同时它还具有对不同信息的自动识别功能，以及处理图形旋转变化点的功能。二维码如图 5—22 所示。

欢迎关注辽宁机电职业技术学院官方微信

官方微信号：lnmec-01

官方微信昵称：辽宁机电职业技术学院

图 5—22　二维码示例

3. 公众平台——订阅号

微信渠道可将品牌推广给众多的微信用户，可减少宣传成本，提高品牌知名度，打造具有影响力的品牌形象。微信订阅号的口号是“再小的个体，也有自己的品牌”，可见其对品牌推广的重要性。微信订阅号为媒体和个人提供了一种新的信息传播方式，便于与读者沟通交流。

4. 公众平台——服务号

顾名思义，微信服务号是提供服务的，是腾讯公司提供给企业用户，用于向粉丝提供服务的一种公众号。它比订阅号的功能更全。微信服务号分为认证服务号与未认证服务号两种。认证方式只可以是公司认证，并且也只有公司才能申请。

二、公众平台——订阅号的开通

（1）第一步：需要在百度网搜索订阅号官方平台，找到之后，打开网页点击“立即注册”，注意填写的信息一定要正确并记住。如图 5—23 所示。

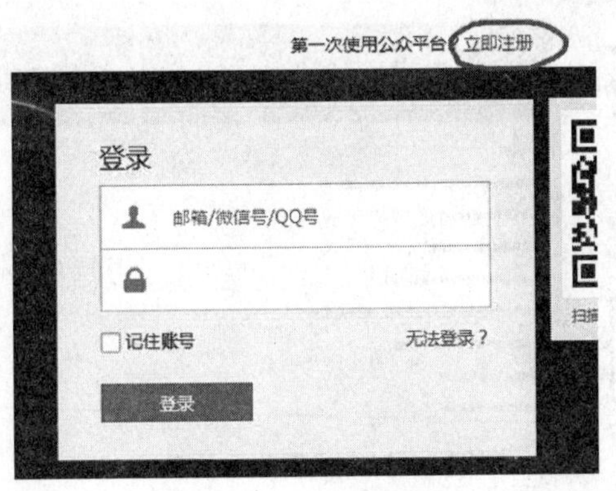

图 5—23　打开注册界面

（2）第二步：进入注册页面后填写相关资料，按照提示一步步地操作。如图 5—24 所示。

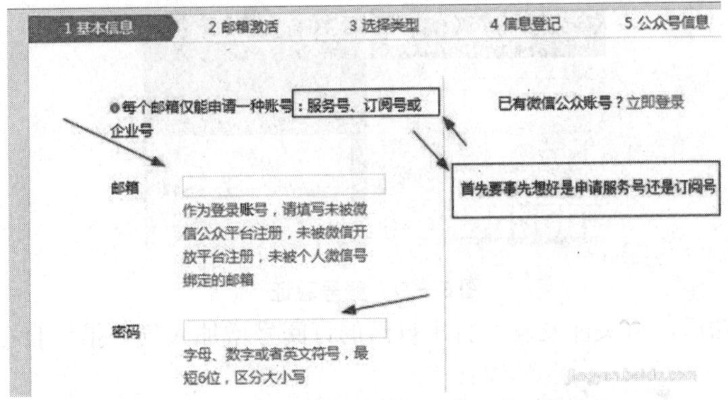

图 5—24　注册填写

（3）第三步：如果注册个人订阅号，需要填写身份证号码，且拍一张自己手持证件的照片；如果注册企业订阅号，选择“企业”选项，填写营业执照注册号、企业名称等信息。如图 5—25 所示。

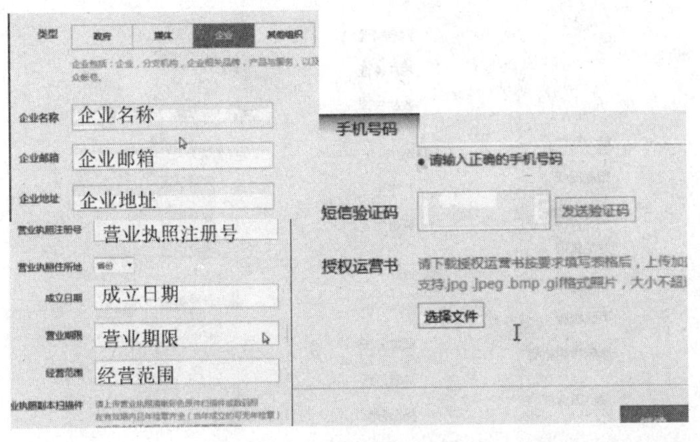

图 5—25　企业订阅号认证

（4）第四步：填写完成后，点击“登录”按钮，输入相关的信息，进入后台进行相关的设置，注意要设置清楚相关安全问题。如图 5—26 所示。

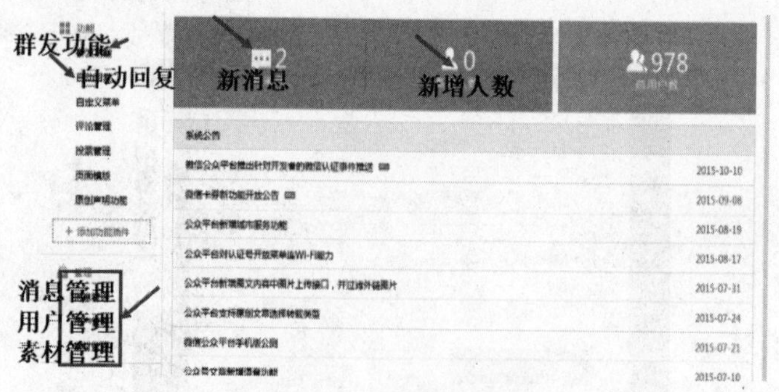

图 5—26 设置账号信息

（5）第五步：账号验证，最好的方法就是和自己的手机微信号进行绑定，这样可以随时发布和关注自己的订阅号。如图 5—27 所示。

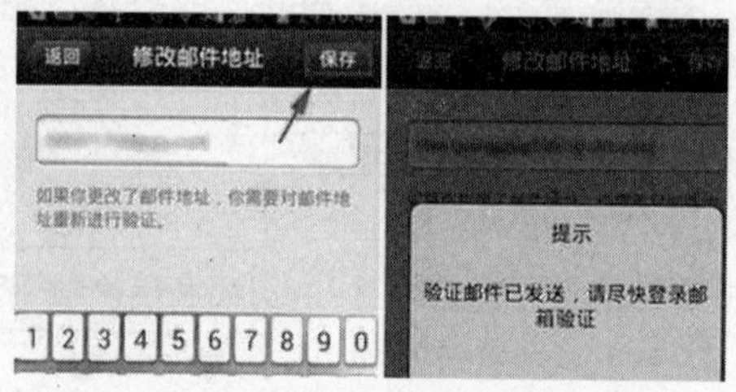

图 5—27 账号验证

（6）开通成功后，可关注友友，打理自己的订阅号增加人气，推广自己的订阅号，提升知名度。

三、公众平台——订阅号的管理

1. 登录订阅号

登录订阅号并进入管理后台，查看并掌握“功能”“管理”“推广”“统计”“设置”等栏目的操作方法，如图 5—28 所示。

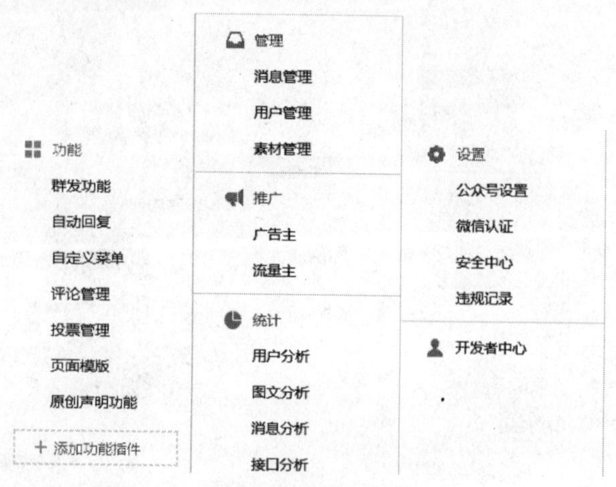

图 5—28 栏目设置

2. 设置自动回复功能

点击“自动回复”功能框，如图 5—29 所示，进入自动回复界面，然后进行相关的编辑操作。

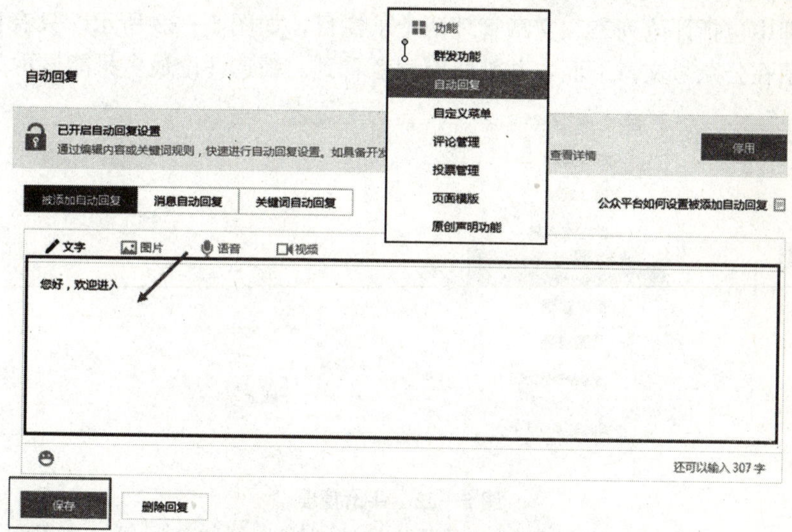

图 5—29　设置自动回复功能

3. 设置自定义菜单

通过编辑和发布自定义菜单可进行订阅号的便携管理，如图 5—30 所示。

订阅号的自定义菜单中最多包含 3 个一级菜单，每个一级菜单最多包含 5 个二级菜单。一级菜单最多有 4 个汉字，二级菜单最多有 7 个汉字，多出来的部分将会以“…”代替。创建自定义菜单后，由于微信客户端缓存，需要 24 小时微信客户端才会展现出来。测试时可以尝试取消关注公众账号后再次关注，以便检测创建后的效果。如图 5—31 所示的设置效果展示。

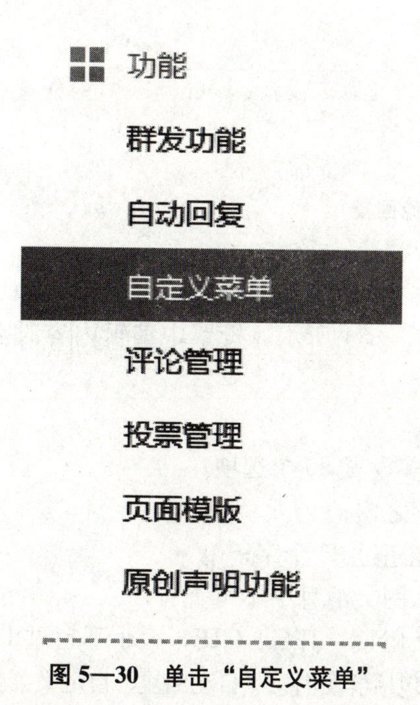

图 5—30　单击“自定义菜单”

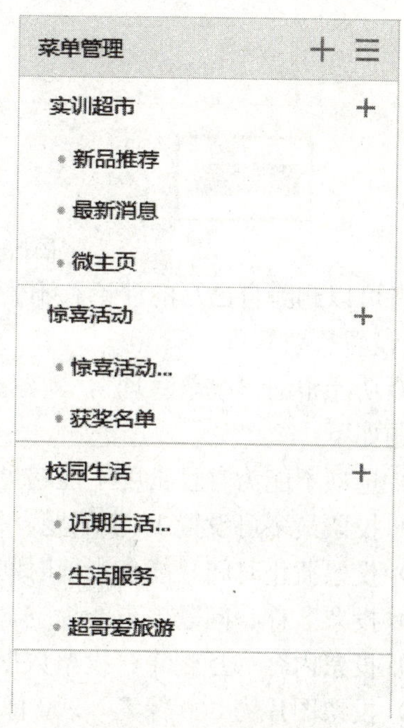

图 5—31　效果展示

4. 设置评论管理

评论管理中包括评论列表和文章管理两个子栏目，如图 5—32 所示。只有移入精选的评论才能显示在公众号文章下面，并被所有读者看到。精选评论最多只能显示 50 条。

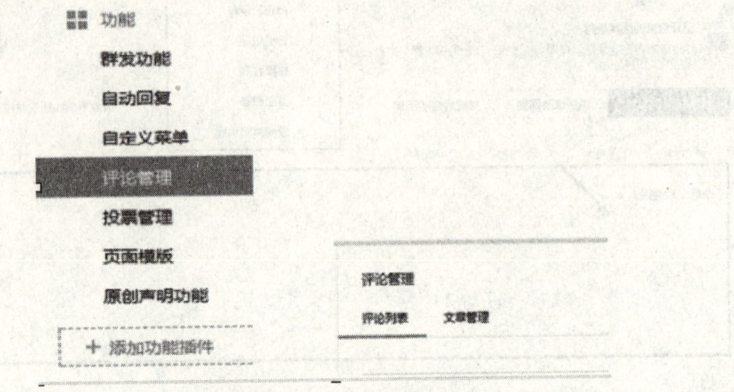

图 5—32 评论管理

管理员可以对所有评论进行回复，写评论的读者将收到这条回复；也可以删除某条读者的评论。如图 5—33 所示。

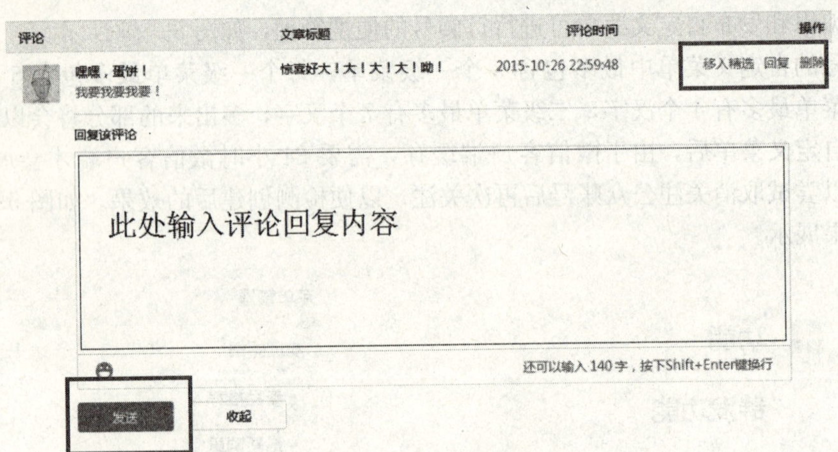

图 5—33 使用评论回复

读者可以删除自己写的评论，不管是否被选为精选。

5. 设置投票管理

选择功能中的“投票管理”，新建投票，如图 5—34 所示。投票中编辑内容时需要注意的问题如下：

(1) 选项不能为空且长度不能超过 35 个字；

(2) 投票最多可设置 10 个问题，每个问题最多设置 30 个选项；

(3) 投票截止时间只能在当前时间之后的半年之内；

(4) 投票名称、问题项不能为空，且长度不能超过 35 个字；

(5) 投票内容一旦删除，投票数据无法恢复，图文消息中不可查看；

(6) 投票图片为 300 像素×300 像素，格式为 PNG、JPG、GIF，大小不超过 1M；

(7) 将统计该投票在各个渠道的综合结果总和，包括群发消息、自动回复、自定义菜单等。

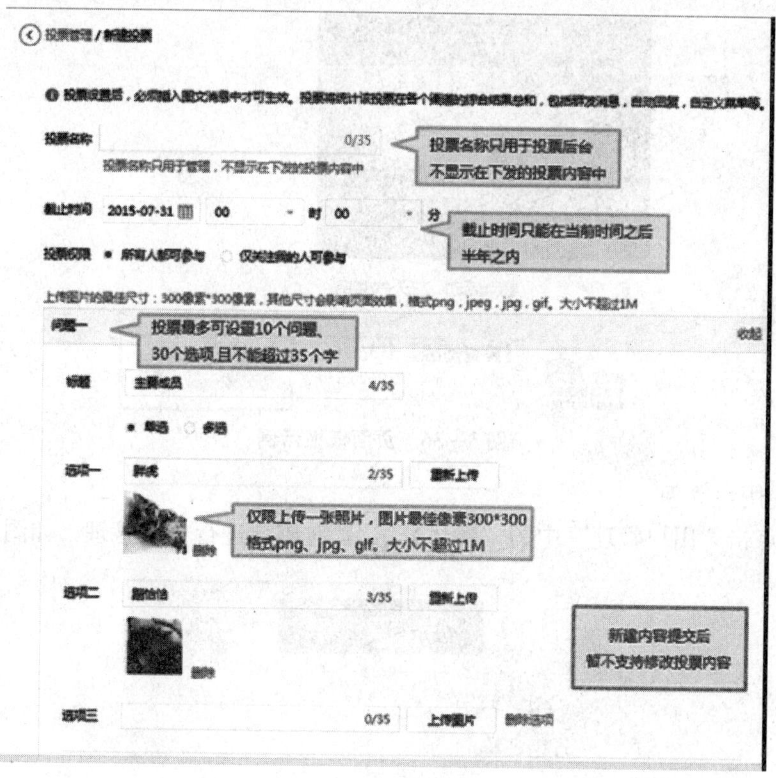

图 5—34　新建投票

6. 设置页面模板

新建一个公众号页面，可复制链接到自定义菜单中进行发布。页面模板功能，是公众号创建行业网页的功能插件。公众号可选择行业模板，导入控件和素材生成网页，对外发布。一个公众号最多可创建 15 个页面。创建新页面模板时可以选择列表模板和封面模板中的一种，如图 5—35 所示。图 5—36 为已创建的页面模板示例。

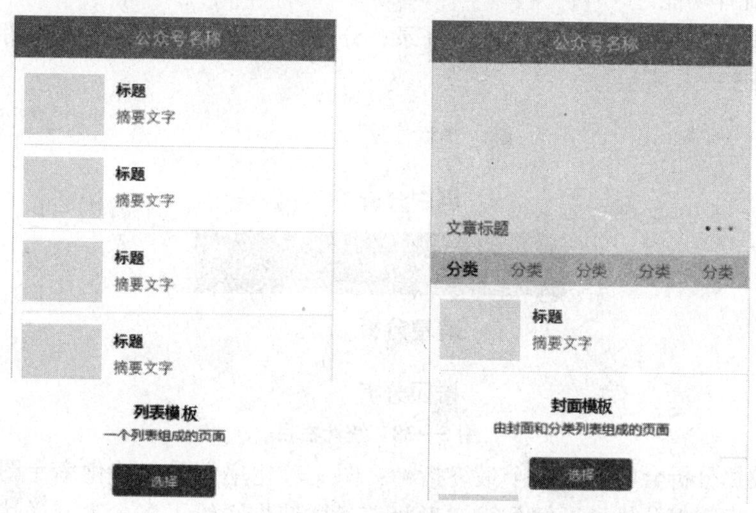

图 5—35　设置页面模板

图 5—36　页面模板示例

7. 设置用户管理

可通过点击“用户管理”中的“新建分组”，对用户进行分组管理，如图 5—37 所示。

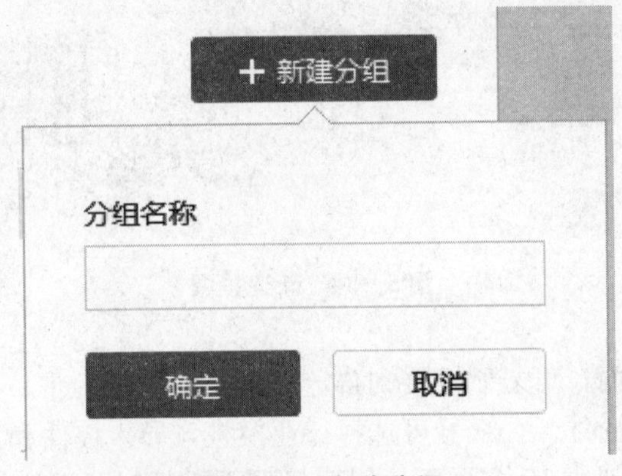

图 5—37　新建分组

8. 设置统计功能

开发者利用统计功能可以看到微信登录、分享、收藏、智能等行为和用户分析数据。统计栏目如图 5—38 所示。

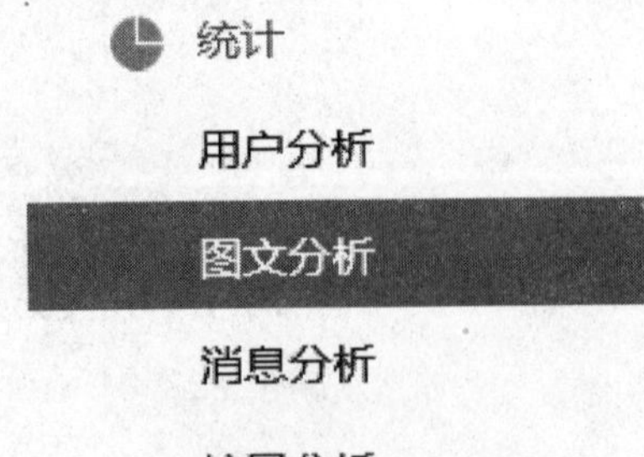

图 5—38　统计栏目

所有的数据分析会归结到一个最终指标：图文转化率。图文转化率＝图文阅读人数/送达人数。通过数据分析可了解到发送者将该条微信推送给了多少人（送达人数），简单说就是他现阶段有多少粉丝。如图 5—39 所示。

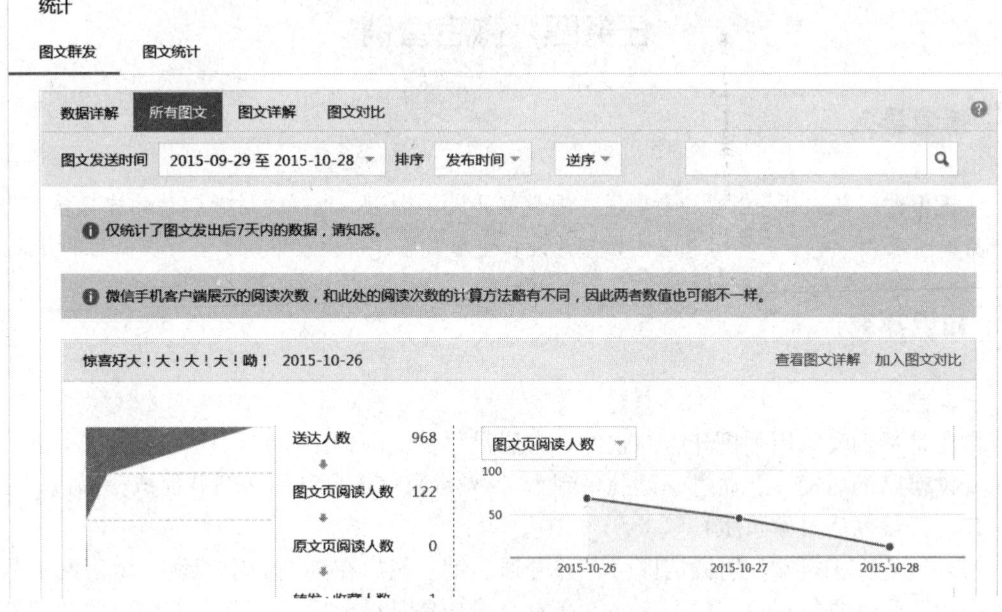

图 5—39　图文分析举例

四、微信订阅号与服务号的区别

1. 定位不同

（1）订阅号的定位：为媒体和个人提供一种新的信息传播方式，构建与读者之间更好的沟通和管理模式。

（2）服务号的定位：给企业和组织提供更强大的业务服务与用户管理能力，帮助企业快速实现全新的公众号服务平台。

2. 功能不同

（1）服务号的主要功能：可以申请自定义菜单；服务号一个月只能群发 4 条信息；服务号群发信息的时候，用户手机会像收到短信一样接收到信息，显示在用户的聊天列表中。

（2）订阅号的主要功能：微信公众平台订阅号每天都可以群发一条群发信息，群发的信息直接出现在订阅号文件夹中。订阅号群发信息时候，手机微信用户将不会收到像短信那样的消息提醒。在手机微信用户的通讯录中，订阅号将被放入订阅号文件夹中。

3. 设置不同

服务号可以申请自定义菜单，而订阅号不能。服务号每月只能群发 4 条信息，订阅号可以每天群发一条消息。服务号群发的消息有消息提醒；订阅号群发的消息没有消息提醒，其直接放入订阅号文件夹当中。

拓展练习

有条件的团队可以尝试申请开通微信订阅号。

任务四　微店营销

情境导入

小王想进行电子商务创业，看到很多同学都开设了微店，也想通过微营销的方式推广自己的产品和创意，可是小王不知道应该如何开设和使用微店，请大家帮助小王完成微店的开设。

知识探究

一、微店

微店是帮助卖家用手机开店的软件。微店是移动端的新型产物，任何人通过手机号码即可开设自己的店铺，并通过一键分享到SNS平台来宣传自己的店铺并促成交易。

二、开设微店（网页版）

（1）首先在手机端注册微店账号，并开通店铺。然后在浏览器中搜索“微店网页版”，输入微店账号并进行登录，如图5—40所示。成功登录后台后，先点击模块中的“我的微店”按钮，如图5—41所示。

进入微店
立即注册，免费开店　　忘记密码？

图5—40　进入微店登录界面

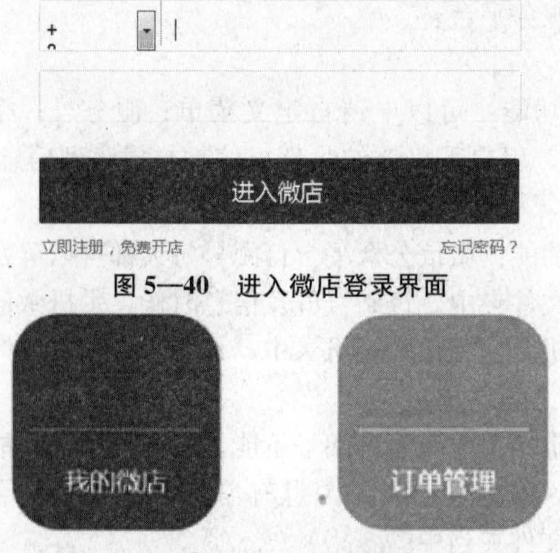

图5—41　点击“我的微店”

（2）如果没有发布过商品，就先在店铺管理页面中点击“添加分类”按钮，依据自身的商品来填写“分类名称”，然后点击“保存更改”按钮，接着再点击“添加商品”按钮，如图5—42所示。

（3）添加商品的时候首先要点击“添加图片”上传宝贝主图，然后在“描述”框中填写宝贝描述，接着填写价格，再填写库存量，并依据商品属性勾选所在分类，最后点击“提交”按钮。如图 5—43 所示。商品编辑完成后返回“商品管理”即可看到发布的所有商品信息。如要修改商品信息，在“商品管理”右边点击“编辑商品”按钮即可。如图 5—44 所示。

+ 添加分类　　+ 保存更改

分类名称	排序	创建时间	操作
水吧	10	2015-09-07	删除 查看
		今天	删除
		今天	删除
		今天	删除

+ 添加商品

图 5—42　添加分类和商品

* 拖拽图片可更换顺序

图片　添加描述

描述　恒大冰泉长白山矿泉水作为恒大足球、恒大女排唯一指定用水。还等什么？快来体验吧！
水驿站为您送货上门（仅限辽宁机电职业技术学院新校区）。规格：24瓶/箱，3元/瓶

价格　¥ 55.00 元

库存　3 件

商品编码

分类　☑ 水吧

店长推荐　☑

图 5—43　添加商品

□ 全选　当前已选中0件商品　分类至 ▼　批量下架　批量删除

	商品描述	价格	销量	库存	分类	更新时间	操作
□	[店长推荐] 恒大冰泉长白山矿泉水作为恒大足球、恒大女排唯一指定用水	55.00	0	3	水吧	10-16	编辑商品 下架商品 删除商品
□	[店长推荐] 当盐遇到清新活力的酸爽柠檬，带来味蕾新感受，沁心依然		0	3	水吧	09-10	编辑商品 下架商品 删除商品

图 5—44　商品编辑管理

（4）网页版操作完成后，可以打开手机端的微店查看发布的商品效果，如图 5—45 所示。

图 5—45　查看发布效果

（5）正常情况下，可以点击订单管理模块中的“订单管理”查看商品的实际付款和销量，如图 5—46 所示。当需要导出商品汇总信息的时候，可选中图 5—46 中的导出功能，并将需要导出的订单类型选择好后，点击“导出”按钮，即会出现如图 5—47 所示的对话框，点击“下载”即可导出 Excel 表信息，如图 5—48 所示。

（6）新注册的微店还需要在手机端添加银行卡。方法是打开手机端，点击“我的收入”按钮，如图 5—49 所示。再点击“我的银行卡”按钮，进入银行卡界面后认真填写银行卡信息再提交即完成设置，如图 5—50 所示。

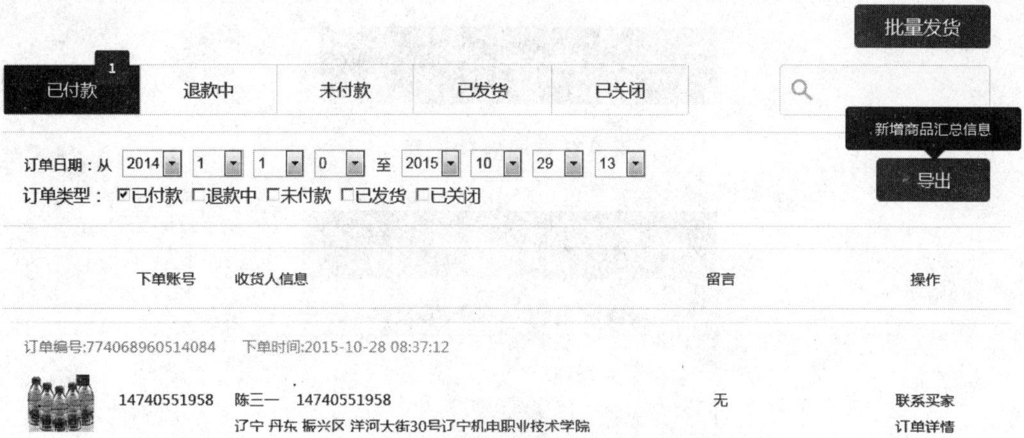

批量发货

已付款 1　退款中　未付款　已发货　已关闭

新增商品汇总信息

导出

订单日期：从 2014 1 1 0 至 2015 10 29 13

订单类型：☑已付款 □退款中 □未付款 □已发货 □已关闭

下单账号　收货人信息　留言　操作

订单编号:774068960514084　下单时间:2015-10-28 08:37:12

14740551958　陈三一　14740551958　无　联系买家

辽宁 丹东 振兴区 洋河大街30号辽宁机电职业技术学院　订单详情

图 5—46　查看订单

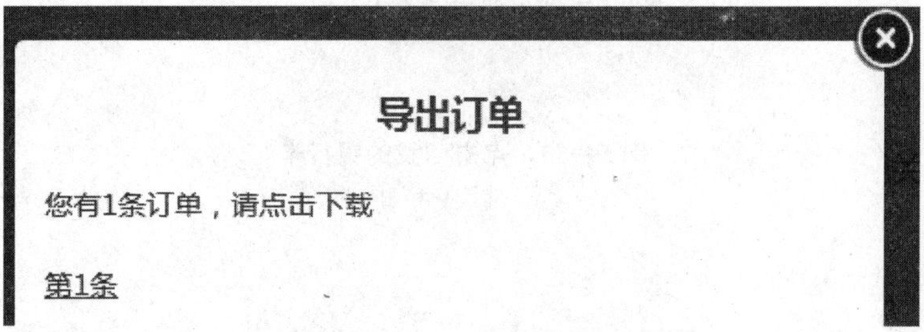

导出订单

您有1条订单，请点击下载

第1条

图 5—47　“导出”对话框

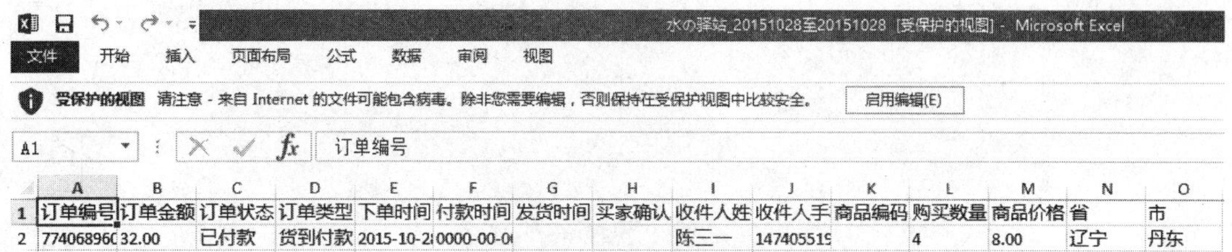

图 5—48　导出 Excel 表信息

图 5—49　点击“我的收入”

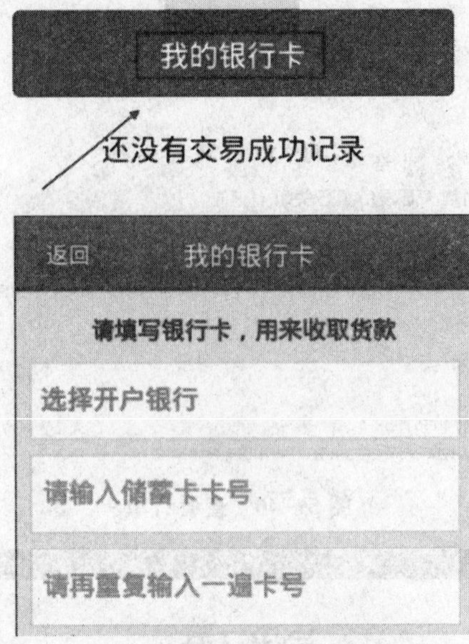

图 5—50　点击“我的银行卡”

拓展练习

完成微店的申请、设置和商品发布，尝试在微店环境下完成电子商务创业实践活动。掌握微店网页版和 APP 版的使用，并对效果进行分析和总结。

项目六　网络营销数据分析

学习目标

1. 知识目标

能够通过基础数据分析、关键词分析、经营分析、编辑效果分析查找网络经营问题，并能结合数据进行整改。

2. 能力目标

能够使用数据完成各模块分析，并对经营提供分析依据。

3. 素质目标

学会团队合作完成网络店铺数据分析。

案例引入

小王进行电子商务创业一段时间了，可是经营业绩平平，选择的款式销售得也不好，他想知道在销售的过程中哪些商品受欢迎以及消费者的消费时间和习惯，可是不知道应该怎么来进行分析？

任务一　关键词分析

情境导入

在网络中经常会有关键词设置，对于刚创业的小王来说，关键词分析指标有哪些、如何分析关键词数据等问题始终困扰着他，现在我们来帮助小王解决这些问题吧。

知识探究

一、关键词

关键词，特指单个媒体在制作使用索引时所用到的词汇。关键词搜索是网络搜索索引主要方法之一，就是希望访问者了解的产品、服务和公司等的具体名称用语。关键词是人需求的直接表达和具象，人的不同需求也是通过关键词的差异来体现的。对于电子商务企业而言，进行关键词分析的重要性如图 6—1 所示。

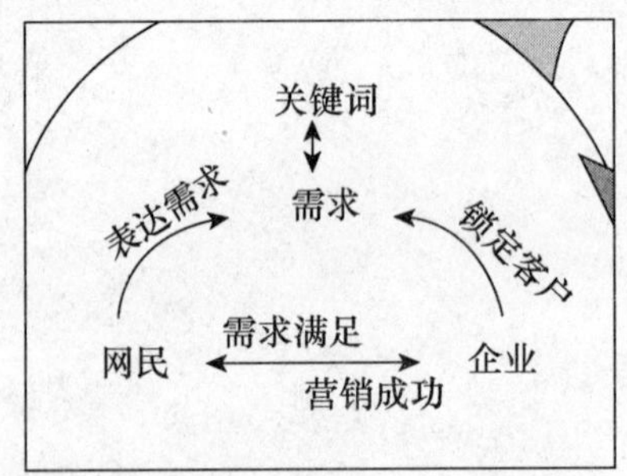

图 6—1 关键词分析的重要性

1. 关键词的类型

商品名称关键词的容量一般规定在 30 个汉字（60 个字符）以内，根据消费者的需求和定位的区别，可将关键词分为以下几种：

（1）属性关键词。

属性关键词是指商品的名称或俗称，用于描述商品的颜色、类型、规格、功能等商品基本情况的字或词。由于消费者的语言表达和搜索习惯不同，可能对同一事物使用的属性关键词不尽相同，所以在对相同商品进行属性关键词设置的时候，需要尽可能多地设置多属性关键词，从而满足各种消费者的搜索需求。当一种商品有多个称呼时，在设置属性关键词时，就可以选择其中最常用的 1 个或多个习惯称呼。

（2）品牌关键词。

品牌是一种名称、术语、标记、符号或图案，或是它们的相互组合，用以识别某个销售者或某群销售者的产品或服务，并使之与竞争对手的产品和服务相区别。它是广大消费者对一个企业及其产品过硬的产品质量、完善的售后服务、良好的产品形象、美好的文化价值、优秀的管理结果等所形成的一种评价和认知；是企业经营和管理者投入巨大的人力、物力甚至几代人长期辛勤耕耘建立起来的与消费者之间的一种信任。很多时候消费者会依据品牌选择购买商品。增加品牌关键词可以给消费者提供更精确的搜索信息。一般的品牌关键词包括商品本身品牌和店铺品牌两种。我们日常看到的一些品牌关键词如图 6—2 所示。

图 6—2　品牌关键词

品牌关键词在营销推广中的作用参见图 6—3。

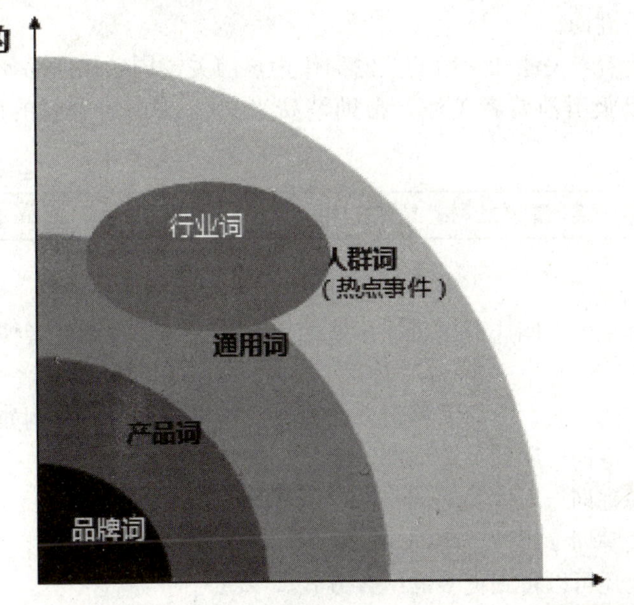

图 6—3　品牌关键词的作用

（3）促销关键词。

促销关键词是关于清仓、打折、折扣、甩卖、赠礼等信息的字或词，这类词往往最容易打动消费者的心，吸引消费者的眼球，从而刺激消费者进行浏览购买。所以在商品名称中适当出现“清仓”“特价”“X 折”等关键词，可以有效地吸引到更多人的关注，提高网店浏览率。如图 6—4 所示。

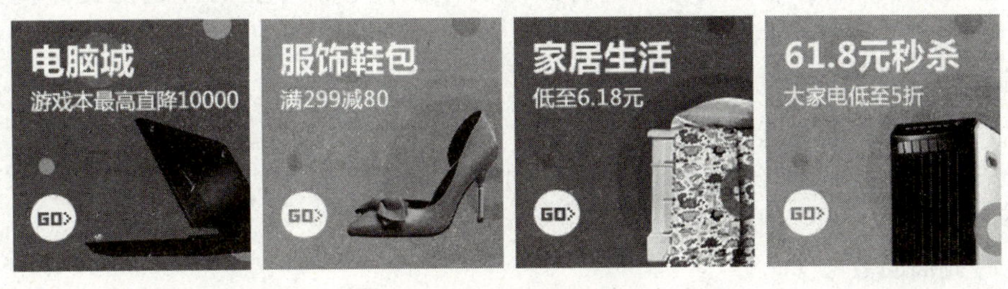

图 6—4　促销关键词

（4）口碑关键词。

口碑关键词的主要作用是让人产生一种心理暗示，一般采用正面的、褒义的形容词，如“热卖”“好评”等。增加这类关键词不仅能满足消费者寻找可靠产品质量、可信店主的需求，同时还容易获得消费者的好感，促进成交率。

（5）长尾关键词。

长尾关键词不是网站主要关键词。长尾关键词的特征是比较长，往往是由2～3个词组成，甚至是短语，一般存在于内容页的标题，也存在于内容中。长尾关键词带来的客户，转化为网站产品客户的概率比较高，因为长尾词的目的性更强。所以采用这类关键词比较有优势，可避免直接竞争，建议大家尽量多用长尾词。

（6）热门关键词。

网店可将消费者关注和常用的关键词作为热门关键词，在商品属性类目中用醒目的颜色标识出来，以吸引消费者关注，帮助消费者更快地找到需要的商品信息。如图6—5所示。

热门关键词：连衣裙　女士T恤　童套装　男士T恤　机械　日用百货　工艺品　数码　五金　箱包

图6—5　热门关键词

在规定的容量内，网店可尽可能多地使用关键词，增加消费者搜索到该商品的概率。

2. 关键词组合

在商品发布的时候，商品名称可以由上述关键词组合而成，例如：

（1）促销关键词＋属性关键词；

（2）品牌关键词＋属性关键词；

（3）口碑关键词＋属性关键词。

在此基础上还可以得到更多的组合方式。

3. 关键词的匹配方式

推广中，关键词的匹配形式有两大类：

（1）广泛匹配：即精确匹配＋短语匹配＋关键词的相关变体形式，采用这类形式费用较高，目标范围广，但带来的有效点击数少。

（2）精确匹配：可锁定最核心的用户，最精准，但达不到宣传的目的，一般适用于老客户或高品牌知名度的产品采用。

二、衡量指标

标题是系统在排序时对关键词进行匹配的重要内容，专业的标题能提升商家的可信度。

关键词分析的主要衡量指标有：

1. 搜索指数飙升幅度

搜索指数飙升幅度指在所选时间段内累计搜索指数比上一个时间段内累计搜索指数的增长幅度。

2. 曝光商品数

曝光商品数指在所选时间段内每天平均曝光的商品数。

3. 曝光商品数增长幅度

曝光商品数增长幅度指在所选时间段内每天平均曝光商品数比上一个时间段内每天平均曝光商品数的增长幅度。

4. 曝光卖家数

曝光卖家数指在所选时间段内每天平均曝光的卖家数。

5. 曝光卖家数增幅

曝光卖家数增幅指在所选时间段内每天平均曝光卖家数比上一个时间段内每天平均曝光卖家数的增长幅度。

拓展练习

1. 请根据表 6—1 中的数据及衡量指标确定关键词的选取顺序。

表 6—1　关键词分析示例

关键词	展现量	点击量	转化量	点击率	转化率	搜索相关性
电脑办公桌	800	462	214	52%	52%	10
办公屏风	974	507	247	55%	48%	9
工作台	511	6	4	2%	60%	10
电脑桌	700	345	145	44%	50%	10

2. 完成店铺的关键词分析，并形成分析报告。

任务二　流量转化分析

情境导入

小王的店铺上个月的点击量是 100，通过几次活动，这个月的点击量已经翻了一倍，可是从月底的营销数据表发现，其依旧没有盈利，为什么呢？请问流量转化分析指标有哪些？如何分析流量数据？

知识探究

一、相关指标

1. 店铺销售额

毛利额＝销售额×毛利率—费用，具体如图 6—6 所示。

2. 流量

流量是衡量一个网站综合能力的最重要指标，而流量转化率则是衡量一个网站成熟度

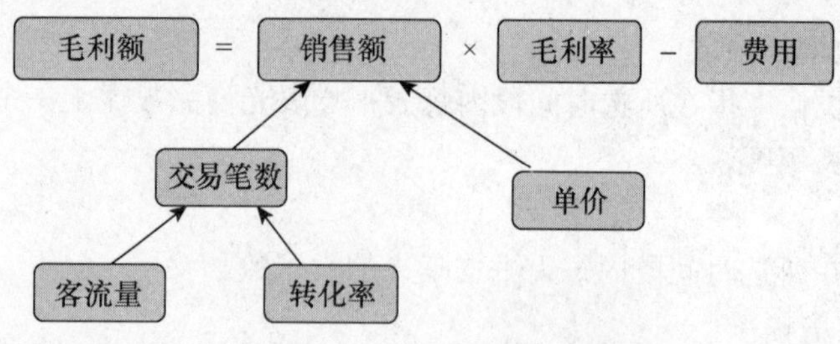

图 6—6 毛利额的计算公式图解

的核心指标。流量转化率的定义就是网页点击次数转换成购买力或利润的比率。

3. 淘宝转化率

淘宝转化率是所有到达淘宝店铺并产生购买行为的人数和所有到达店铺的人数的比率。计算方法为：转化率=（产生购买行为的客户人数 / 所有到达店铺的访客人数）×100%。

4. 网站流量转化率

网站流量转化率（Conversion Rate）是指用户进行了相应目标行动的访问次数与总访问次数的比率。相应的行动可以是用户登录、用户注册、用户订阅、用户下载、用户购买等一系列用户行为，因此网站流量转化率是一个广义的概念。简而言之，就是当访客访问网站的时候，把访客转化成网站常驻用户，也可以理解为访客到用户的转换。以用户登录为例，如果每 100 次访问中，就有 10 个用户登录网站，那么此网站的登录转化率就为 10%；而最后有两个用户订阅，则订阅转化率为 2%；有一个用户下订单购买，则购买转化率为 1%。

二、查询工具

下面介绍如何通过“阿里指数”查询相关运营情况。

步骤一：输入网址“http://index.1688.com/”，进入“阿里指数”界面，如图 6—7 所示。输入想要查询的关键词，如输入“女士衬衫”，可以查询最近 30 天“女士衬衫”的整体指数，以及近 30 天有关“女士衬衫”的需求指数。如图 6—8 所示，可以发现最近 30 天在女式衬衫相关行业中，女式 T 恤在淘宝网的需求最大。当然，整个预测结果仅供参考，在实际操作中建议结合自身实际情况，在关注所选行业之外，也了解其他行业相关信息。

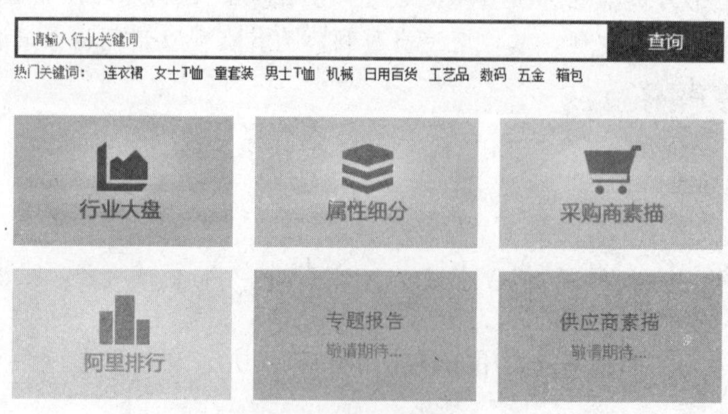

图 6—7 阿里指数界面

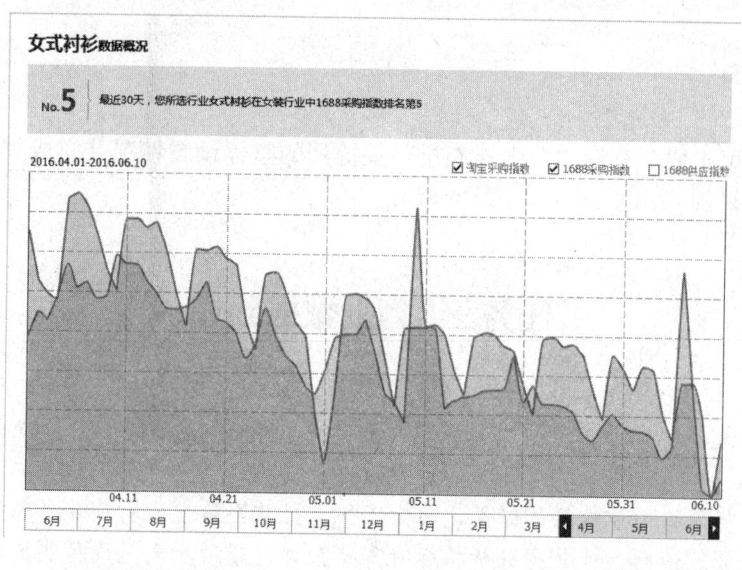

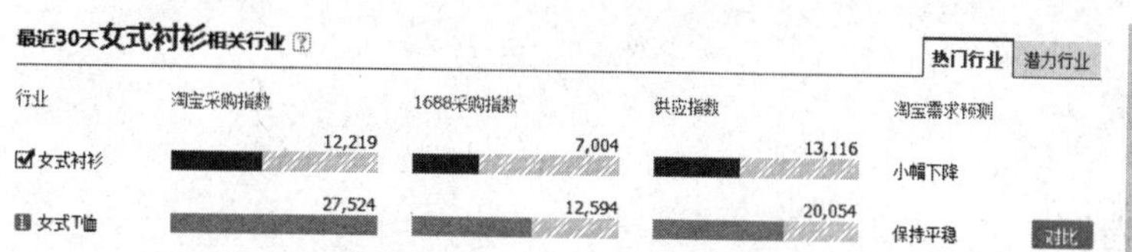

最近30天女式衬衫相关行业

热门行业　潜力行业

行业	淘宝采购指数	1688采购指数	供应指数	淘宝需求预测
女式衬衫	12,219	7,004	13,116	小幅下降
1 女式T恤	27,524	12,594	20,054	保持平稳

对比

图 6—8　女士衬衫的市场需求

步骤二：点击进入“阿里排行”界面，可以查看“最近 7 天”和“最近 30 天”的搜索排行指数。通过该指数可分析得到排名靠前和转化率靠前的关键词。如图 6—9 所示。

女式衬衫 上升榜

关键词	搜索趋势	搜索指数
1 高端真丝短袖上衣女	↑236%	59
2 广州啦斯服饰贸易有限	↑200%	19
3 套头衬衫女	↑169%	105
4 杭州真丝女上衣	↑158%	59
5 上衣 棉麻	↑145%	66
6 花色衬衣	↑133%	28
7 棉麻娃娃衫宽松女装	↑125%	36
8 ma162sht50	↑123%	86
9 欧根纱蝴蝶结上衣	↑118%	19
10 无袖衬衫女夏	↑117%	59

1 2 3 4 5

导出完整榜单>>

女式衬衫 转化率榜

关键词	搜索转化率	全站商品数
1 g2000女短袖衬衫	90%	115
2 李敬	90%	704
3 蒽拉	90%	65
4 圆点衬衫女	89%	6862
5 花朵衬衫女	89%	18775
6 亚麻中长款衬衫	88%	8917
7 女士休闲衬衫	88%	39608
8 日系森女小清新女装	88%	5325
9 白色衬衣 女士短袖	88%	78580
10 衬衫女夏季新款2016 韩	88%	58389

1 2 3 4 5

导出完整榜单>>

图 6—9　女士衬衫搜索排行指数

拓展练习

通过“阿里指数”查询“女士连衣裙”关键词的整体设置情况并完成其转化率分析，最后形成分析报告。

任务三 行业数据分析

情境导入

小王在进行网络创业选择的时候，因为不知道目前网络上的行业销售情况，不知道应该选择什么行业。请问行业数据分析指标有哪些？如何帮助小王完成行业数据分析？

知识探究

一、相关指标

1. 访客数占比

访客数占比指统计时间段内行业访客数占上级行业访客数的比例。

2. 浏览量占比

浏览量占比指统计时间段内行业浏览量占上级行业浏览量的比例。

3. 成交额占比

成交额占比指统计时间段内行业支付成功金额占上级行业支付成功金额的比例。

4. 成交订单数占比

成交订单数占比指统计时间段内行业支付成功订单数占上级行业支付成功订单数的比例。

5. 在售商品数

在售商品数指统计时间段内行业内的在售商品总数的均值。

6. 商品指数

商品指数指统计时间段内行业内商品数量经过数据处理后得到的对应指数。指数越大在售商品数量越大。

7. 流量指数

流量指数指统计时间段内行业内流量经过数据处理后得到的对应指数。

8. 供需指数

供需指数等于统计时间段内行业内的商品指数除以流量指数。供需指数越小，竞争越小。

二、查询工具

下面介绍如何通过“阿里指数 beta”版查询相关数据。

步骤一：输入网址 https://alizs.taobao.com/，进入“阿里指数”界面，输入淘宝账号和密码后登录查询。如图 6—10 所示。

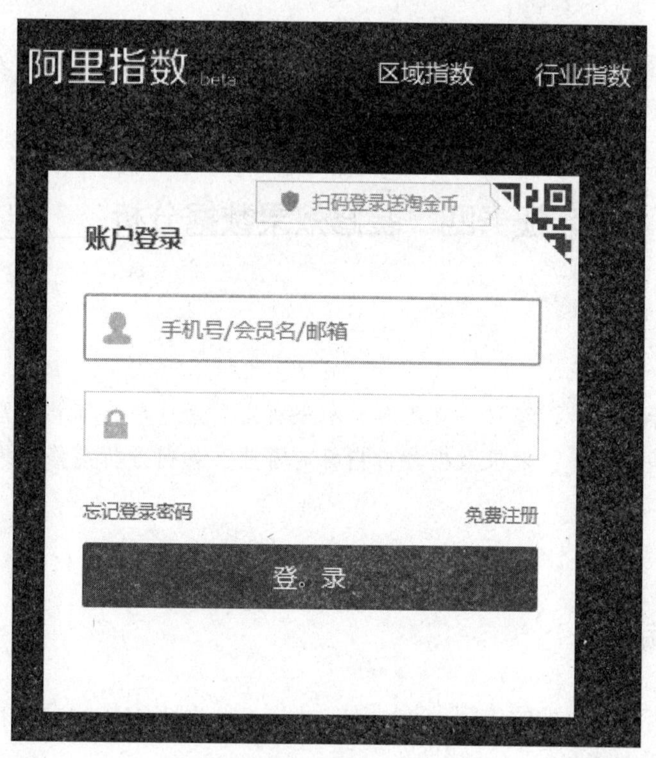

图 6—10　登录账号

步骤二：点击进入“行业指数”查询界面，在这里我们依旧查询“女士衬衫”，如图 6—11 所示，能够看到“女士衬衫”的行业指数变化情况，同时还可以分析该行业的买家和卖家以及热门地区的分析数据。

搜索词排行　搜索榜　涨幅榜

排名	搜索词	搜索指数	搜索涨幅
1	衬衫女	43,047	10.46% ↓
2	白衬衫	33,063	10.69% ↓
3	棉麻衬衫女	32,376	49.56% ↑
4	雪纺衬衫	29,086	43.28% ↑
5	衬衣女	28,129	13.51% ↑
6	娃娃衫	24,536	98.88% ↑
7	衬衫女 韩范	21,309	8.51% ↓
8	格子衬衫女	15,241	9.03% ↓
9	白衬衫女	14,816	11.69% ↓
10	真丝上衣	14,727	5.37% ↑

图 6—11　女士衬衫的销售数据

拓展练习

通过"阿里指数 beta"版查询"女士连衣裙"行业的整体情况以及买家和卖家的分布情况，最后形成分析报告。

任务四　装修效果数据分析

情境导入

小王的网店开设好后，客户一直不多。小王决定利用这段时间将网店装修一下。请问装修是否会影响销售效果？效果数据分析指标有哪些？如何分析装修效果数据？

知识探究

一、相关指标

1. 访问数

访问数指全店各个页面的访问人数。同一天同一访客多次访问会进行去重计算，多日合计不计算。

2. 平均访问深度

访问深度指用户在一次访问店铺内访问页面的次数，平均访问深度即指所有用户每次访问时候访问深度的平均值。

3. 平均访问时间

访问时间指用户在一次访问内访问店铺页面的时长，平均访问时间即所有用户每次访问时访问时长的平均值。

4. 首页跳失率

首页跳失率＝跳失人次/登录首页的访问人次。首页跳失率指用户访问首页后，有多少比例的用户直接跳出了店铺。分母是访问该首页的用户数，分子是访问过该首页的用户直接跳出店铺的次数。

5. 商铺跳失率

商铺跳失率的分母是访问店铺的所有用户数，分子是店铺中只访问了一个页面就离开的用户数。

6. 购买率

购买率指在访问该页面的用户中当天下单的用户数占该页面的总访客数的比例。

二、查询工具

下面介绍如何利用"京东数据罗盘"查询相关数据并进行数据分析。

步骤一：输入网址“http://luopan.jd.com/index.jsp”，进入“京东数据罗盘”界面，输入京东账号和密码登录查询。如图6—12所示。

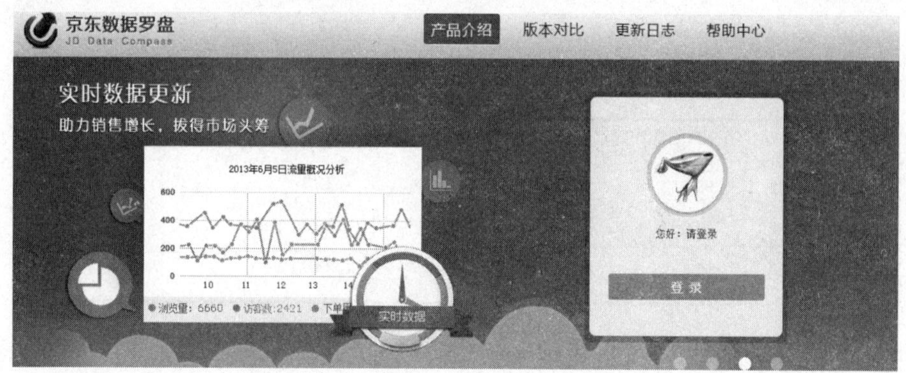

图6—12　登录“京东数据罗盘”界面

步骤二：进行“装修效果分析”。首先需要输入需要查看的装修时间，如图6—13所示。

图6—13　输入时间

步骤三：查看所查时间范围内的趋势图。如图6—14所示，展现的是所选时间段内，店铺访问情况的曲线图。鼠标悬停即可查看该天详细数据。图中不仅有浏览量、访问次数、访客数这些浏览数量的指标，也有平均访问深度、平均停留时间、下单转化率这些衡量浏览质量的指标，供查询者多角度评估店铺访问情况，做出正确的店铺装修改进。将店铺的浏览情况与装修事件联系起来查看分析，评估装修效果，有利于持续改进店铺。

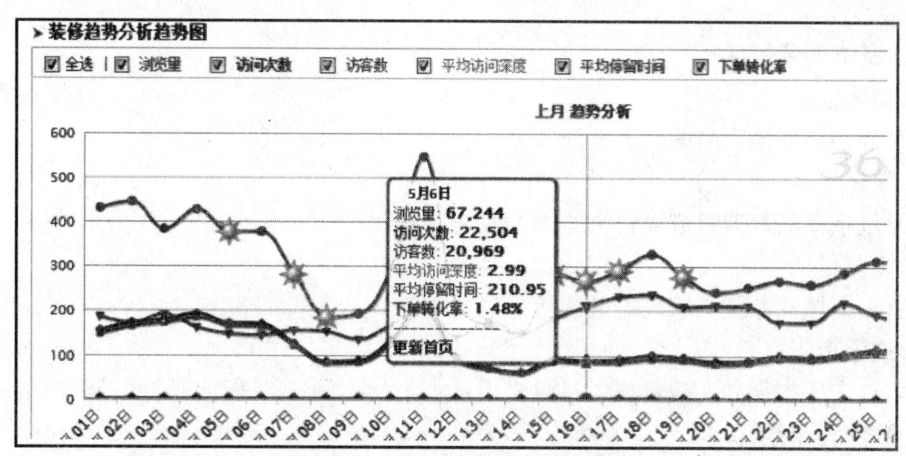

图6—14　装修趋势分析趋势图

步骤四：查看装修详情数据。装修详情统计表可提供每天各指标的详细数据信息，并且可点击查看店铺装修事件详情，如图 6—15 所示。

➤ 详情

查询：

日期	浏览量	访问次数	访客数	平均访问深度	平均停留时间
2016-05-01	96,011	45,058	43,004	2.77	191.62
2016-05-02	70,899	31,775	30,384	2.23	153.38
2016-05-03	96,554	43,115	41,452	2.19	148.14

图 6—15 装修详情表

拓展练习

使用相关软件完成店铺的装修效果分析，并形成分析报告。

任务五 商品数据分析

情境导入

小王的网店在开展各种活动后，迎来了很好的销售业绩和点击率，可是小王始终对哪些消费者浏览了网店，浏览了多少次没有一个详细的掌握，所以在月底进行网店经营分析的时候，还是不知道应该如何分析。请问商品数据分析指标有哪些？如何分析商品数据？

知识探究

一、基本衡量指标

1. 访客数

访客数指访问该商品的买家总数。

2. 曝光量

曝光量指商品在搜索或类目浏览下的曝光次数。

3. 浏览量

浏览量指该商品被买家浏览的次数。

4. 搜索点击率

搜索点击率指商品在搜索或类目曝光后被点击的比例，即等于浏览量/曝光量。

5. 成交订单数

成交订单数指该商品在选定时间或范围内支付成功的订单数。

6. 询盘次数

询盘次数指买家通过该商品点击旺旺与站内通信的次数。

7. 成交转化率

成交转化率指成功购买该商品的买家数占访问买家总数的比值，即等于成交买家数/访客数。

8. 平均停留时间

平均停留时间指买家访问该产品所有详情页面的平均停留时间。

二、查询工具

下面以支付宝的数据罗盘为例，进入“支付宝数据罗盘”查询整体交易情况并分析查询数据。如图 6—16 所示，能够看到“成交金额”“成交笔数”“平均客单价”等趋势图，以及核心指标的动态分析。

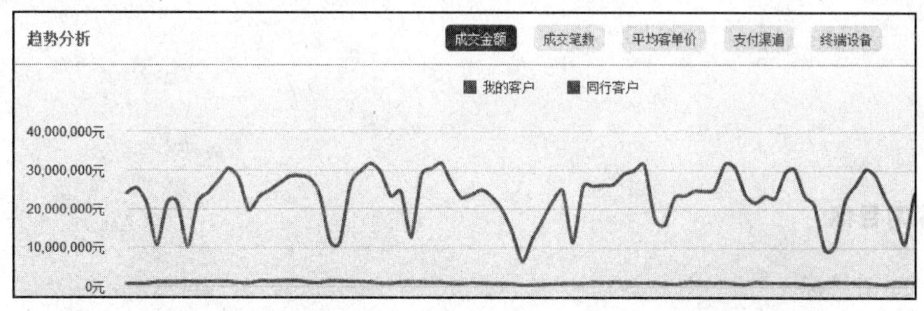

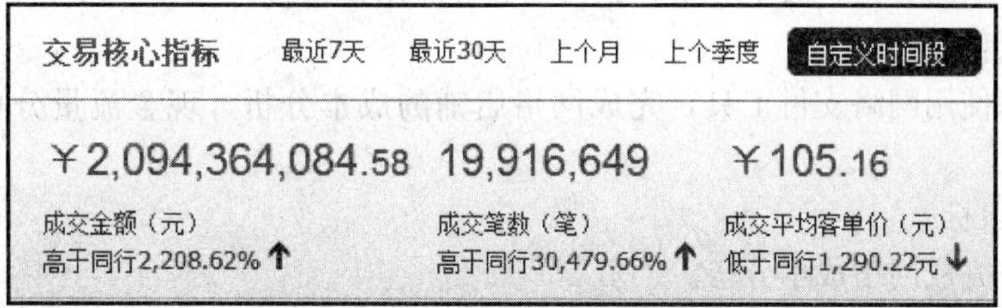

图 6—16　支付宝数据罗盘的数据分析

拓展练习

完成店铺的商品数据分析，并形成分析报告

项目七　网络支付与成本分析

学习目标

1. 知识目标

能够掌握网络支付、成本分析、销售预算等应用技巧。

2. 能力目标

能够熟练使用网络支付工具，完成网络店铺的成本分析、现金流量分析及销售预测分析。

3. 素质目标

团队合作完成网络成本分析。

案例引入

小王进行电子商务创业，在支付的过程中，想了解如何使用网络支付工具完成支付？下一个季度店铺的成本、现金流量及销售预测如何分析？

任务一　网络支付

情境导入

小王开设的微店终于迎来了第一笔交易，可是当用户询问如何付款的时候，小王才发现忘记在手机端添加银行卡，导致消费者无法进行网络支付，那么，作为电子商务创业者应该如何设置网络支付呢？

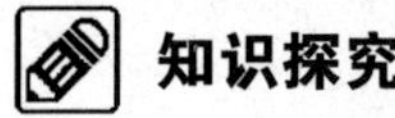

知识探究

一、电子支付

电子支付是指电子商务交易的当事人，包括消费者、厂商和金融机构，使用安全电子支付手段通过网络进行的货币支付或资金流转。电子支付系统是电子商务活动的基础，人们只有建立可行的电子支付系统，才能真正开展电子商务活动。同时，电子支付系统也是关系到国家金融体制、经济管理以及每一个人经济活动方式的重要问题。

二、网上银行

网上银行指设立在 Internet 上的金融站点，没有银行大厅，没有营业网点，是只需要通过与 Internet 连接的计算机进入该站点，就能够在任何地方 24 小时办理银行各项业务的一种金融机构。顾客通过网上银行的网址进入网上银行，直接输入个人相关资料和密码，仅仅几分钟就能够完成一切开户手续。

三、手机网上银行

通过手机方式访问网上银行，更方便用户管理银行的各种业务。作为一种结合了货币电子化与移动通信的崭新服务，移动银行业务不仅可以使人们在任何时间、任何地点处理多种金融业务，而且极大地丰富了银行服务的内涵，使银行能以便利、高效而又较为安全的方式为客户提供传统和创新的服务。而移动终端所独具的贴身特性，使之成为继 ATM、互联网、POS 机之后银行开展业务的强有力工具，越来越受到国际银行业者的关注。

四、第三方支付

第三方支付是指具备实力和信誉保障的第三方企业和国内外的各大银行签约，为买方和卖方提供的信用增强。在通过第三方支付平台的交易中，买方选购商品后，使用第三方平台提供的账户进行货款支付，由第三方通知卖家货款到达、进行发货；买方检验物品后，就可以通知付款给卖家，第三方再将款项转至卖家账户。

五、拉卡拉支付

技术融合已将银行严格的风险控制与支付企业的技术创新相结合，招行、广发等手机银行已经内置拉卡拉移动支付功能，解决了手机银行只能受理本行银行卡的问题。

六、财付通

财付通是腾讯公司于 2005 年 9 月正式推出的专业在线支付平台，致力于为互联网用户和企业提供安全、便捷、专业的在线支付服务。其操作方法如下：

步骤一：登录财付通账号，如图 7—1 所示。

步骤二：进入财付通账号以后左边会有“微支付”选项，如图 7—2 所示，点击进入“微支付”。

步骤三：进入“微支付”会提示“立即激活”，如图 7—3 所示。

步骤四：点击“立即激活”后会有提示，说明已开通了微支付，如图 7—4 所示。

图 7—1　登录财付通

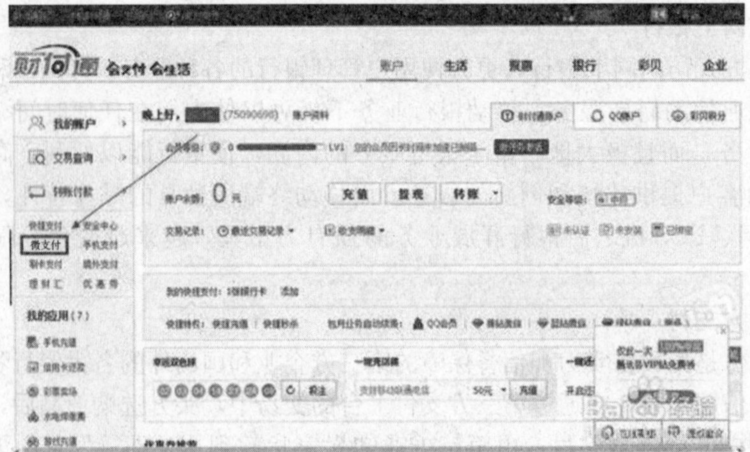

图 7—2　点击“微支付”

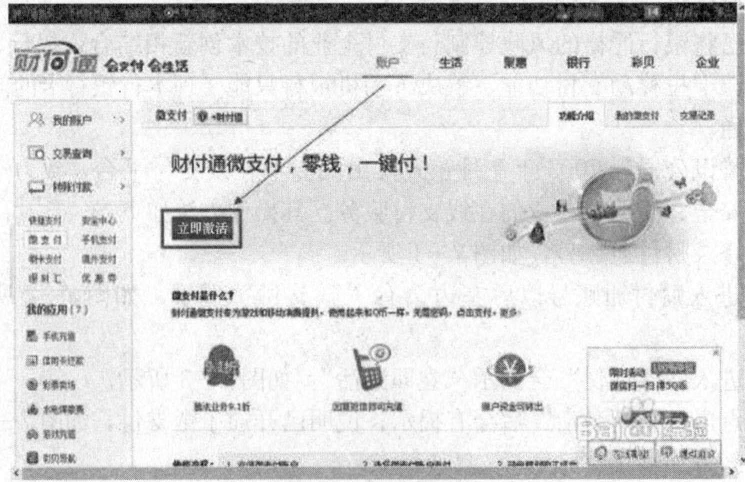

图 7—3　激活账号

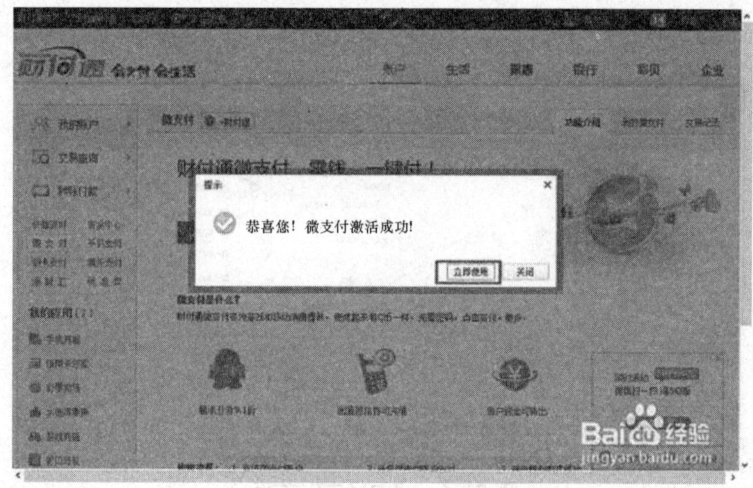

图 7—4　开通支付

步骤五：再次进入微支付，如图 7—5 所示。财付通微支付专为游戏和移动消费服务，使用起来和 Q 币一样，无须密码，点击支付即可。

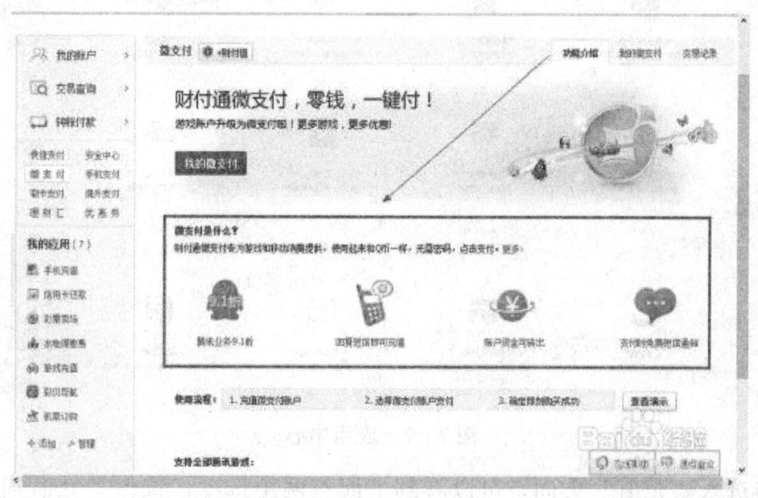

图 7—5　财付通的使用界面

七、支付宝

支付宝（中国）网络技术有限公司是国内领先的独立第三方支付平台，是由阿里巴巴集团创始人马云先生在 2004 年 12 月创立的第三方支付平台，是阿里巴巴集团的关联公司。支付宝致力于为中国电子商务提供“简单、安全、快速”的在线支付解决方案。其操作方法如下：

（1）登入账号，进入支付宝。从这个页面我们可以看到，支付宝有充值、提现、转账等功能，在上方还可以看到“应用中心”，如图 7—6 所示。

（2）在“应用中心”我们可以看到非常多的功能，如收款、还款、充值话费、信用卡还款、固话宽带、买汽车票、水电煤缴费等，如图 7—7 所示。

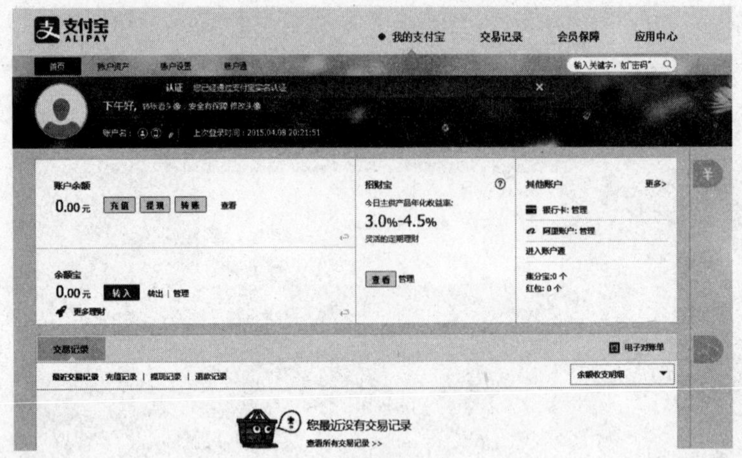

图 7—6　“支付宝”首页

图 7—7　应用中心

(3) 点击进入“充值”页面，可以看到上面有两个选项，选择“充值到余额宝”，如图 7—8 所示。选择“充值到余额”，然后点击“下一步”，如图 7—9 所示。

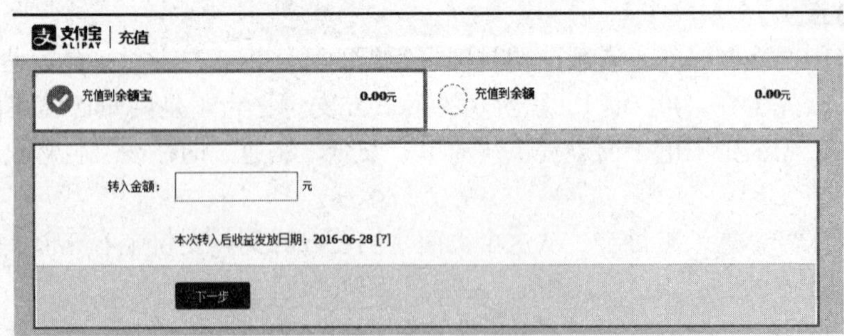

图 7—8　充值到余额宝

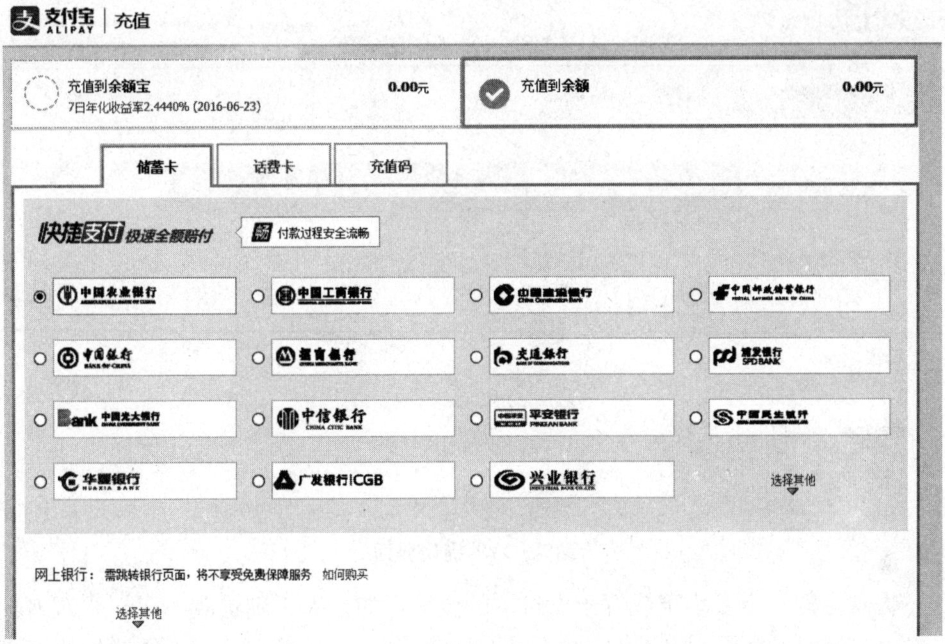

图 7—9　充值到余额

（4）进入充值页面，根据自己的需要充值相应的金额，如图 7—10 所示。

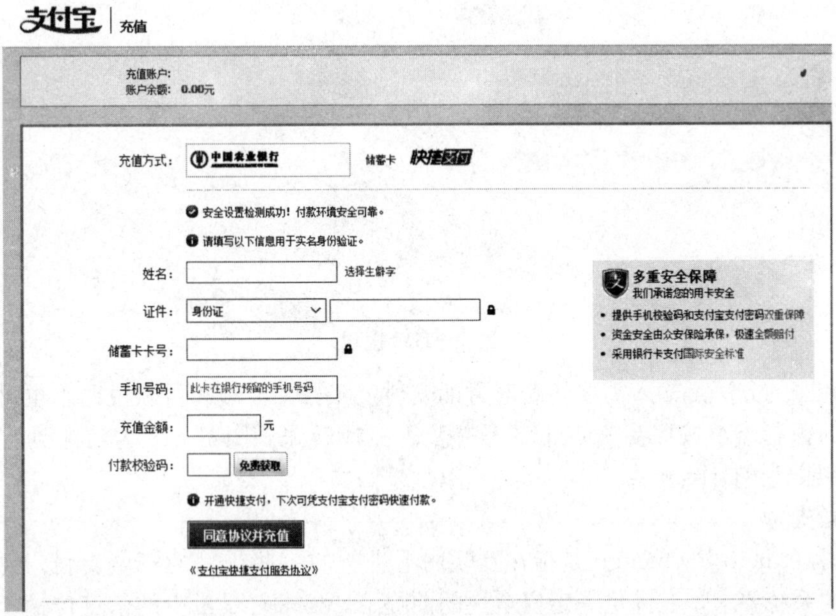

图 7—10　进行充值

（5）提现的方法是点击进入提现页面，上面有添加银行卡、转账付款、水电煤缴费等选项，根据自己需求来选择，如图 7—11 所示。

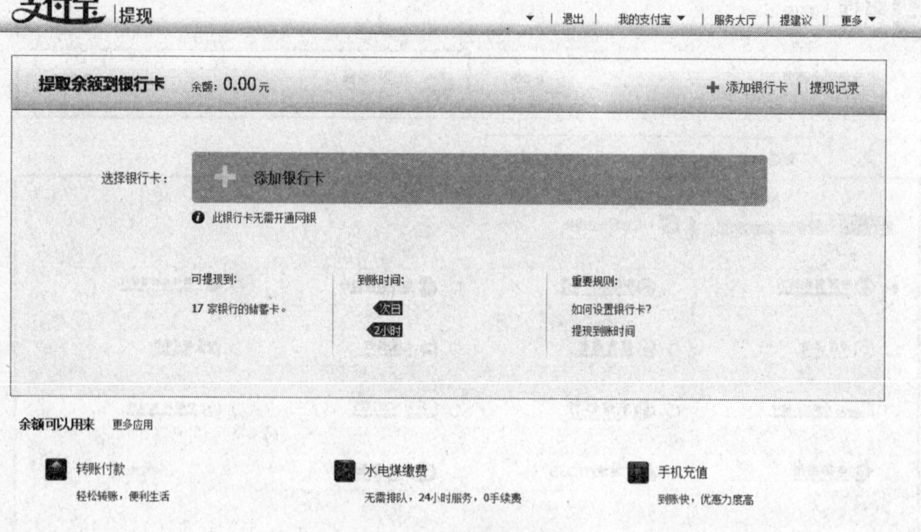

图 7—11 提现界面

(6) 提现金额一定要小于或等于支付宝的金额，如果大于则提现不了。提现有两种方式，一种是“次日到账”，不收取费用；另一种是“2 小时内到账”，需要收取手续费。如果不是急需建议选择“次日到账”。选择好后，直接点击“下一步”即可提现成功，如图 7—12 所示。

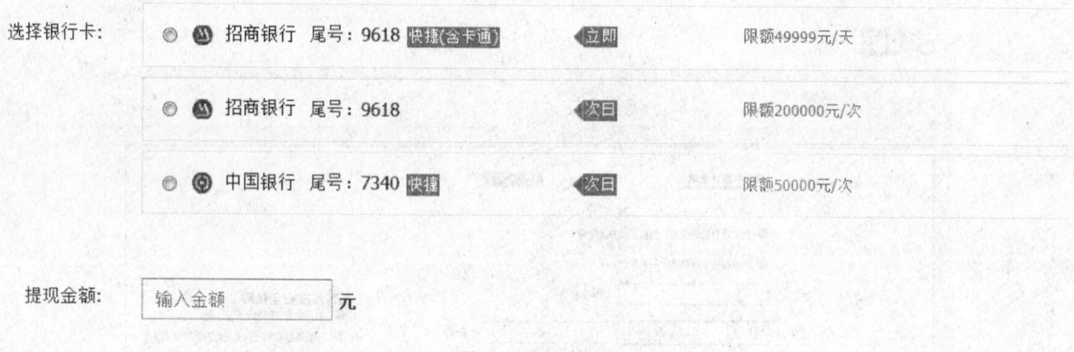

图 7—12 提现

(7) 转账的方法是输入需要转账对方的支付宝账号、金额和付款说明，也可以选择转账到对方的银行卡，按照步骤点击“下一步”完成转账。图 7—13 为转账到支付宝，图 7—14 为转账到银行卡。

八、微支付

微支付（Micro Payment）是指在互联网上进行的一些小额的资金支付。这种支付机制有特殊的系统要求，在满足一定安全性的前提下，要求有尽量少的信息传输，较低的管理和存储需求，对速度和效率要求比较高。现在所说的微支付，主要是指微信支付。2016 年 3 月 1 日起，微信支付已对超额提现交易收取手续费。

(1) 手机登录微信。方法是点击右上角的功能按钮，弹出功能选项单，点击“我的银行卡”，进入银行卡页面，如图 7—15 所示。

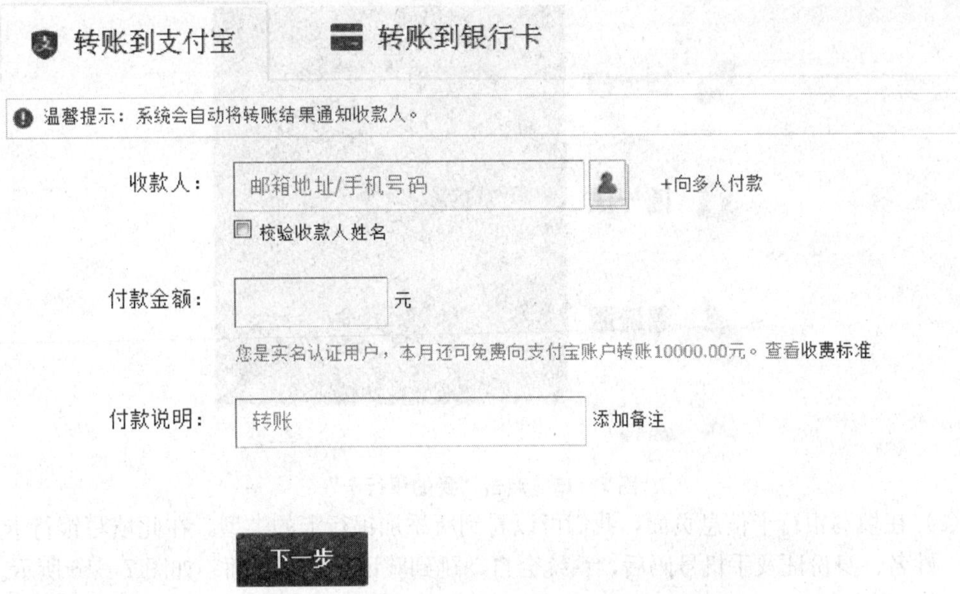

转账到支付宝　转账到银行卡

温馨提示：系统会自动将转账结果通知收款人。

收款人：邮箱地址/手机号码　+向多人付款

校验收款人姓名

付款金额：　元

您是实名认证用户，本月还可免费向支付宝账户转账10000.00元。查看收费标准

付款说明：转账　添加备注

下一步

图 7—13　转账到支付宝

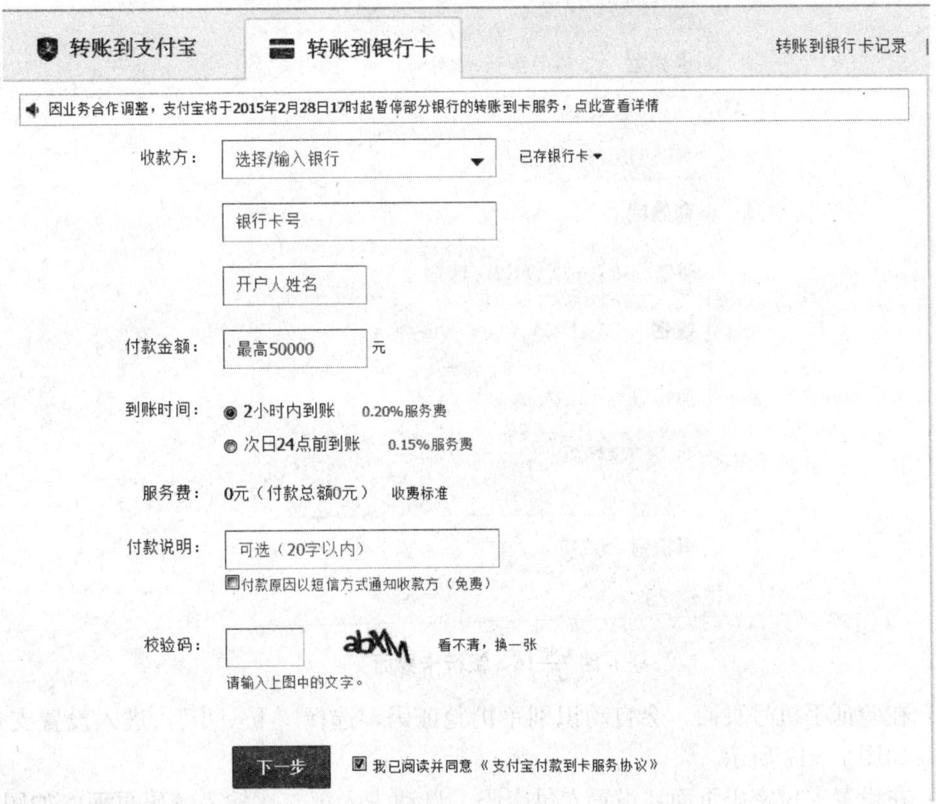

转账到支付宝　转账到银行卡　转账到银行卡记录

因业务合作调整，支付宝将于2015年2月28日17时起暂停部分银行的转账到卡服务，点此查看详情

收款方：选择/输入银行　已存银行卡

银行卡号

开户人姓名

付款金额：最高50000　元

到账时间：2小时内到账　0.20%服务费

次日24点前到账　0.15%服务费

服务费：0元（付款总额0元）　收费标准

付款说明：可选（20字以内）

付款原因以短信方式通知收款方（免费）

校验码：　abXM　看不清，换一张

请输入上图中的文字。

下一步　我已阅读并同意《支付宝付款到卡服务协议》

图 7—14　转账到银行卡

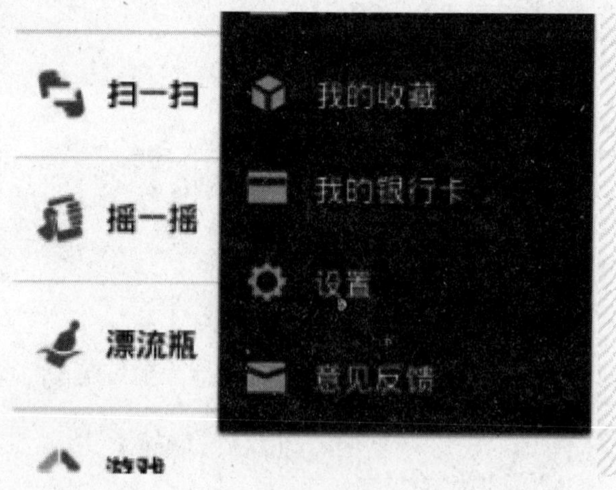

图 7—15　点击“我的银行卡”

（2）在填写银行卡信息页面，我们可以看到所添加银行卡的类型，在此填写银行卡的有效期、姓名、身份证及手机号码后，系统会自动跳到验证手机号页面。如图 7—16 所示。

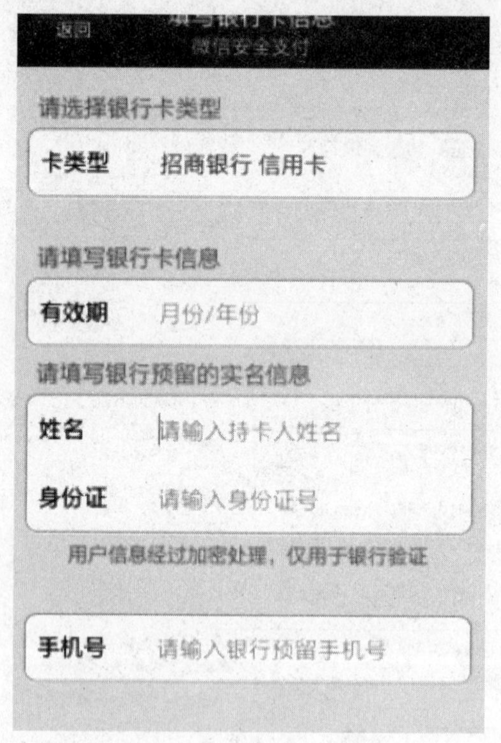

图 7—16　银行卡界面

（3）在验证手机号页面，会自动识别手机验证码，选择“下一步”，进入设置支付密码页面，如图 7—17 所示。

（4）在设置支付密码页面，设置支付密码，自动进入第二次输入密码页面，如图 7—18 所示。

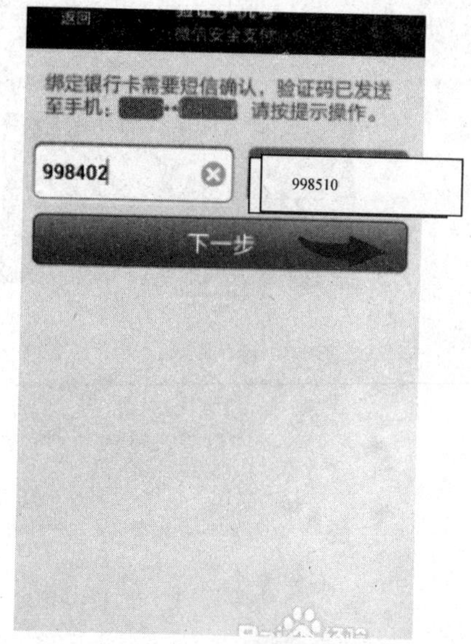

图 7—17　输入验证码

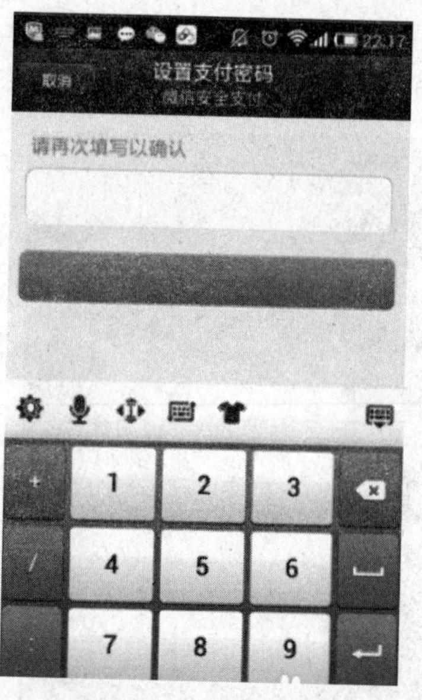

图 7—18　输入密码

（5）设置好添加的银行卡后，微信就绑定了银行卡，以后涉及微信支付时将从这张卡扣款，如图 7—19 所示。

图 7—19　微信支付

九、移动支付宝

2016 年除夕，全国人民在看春晚的同时，也都忙着打开支付宝的“咻一咻”，收集五福共享 2 亿元现金红包，如图 7—20 所示。该活动一推出，移动支付宝再次掀起一股社交热潮。移动支付宝服务是支付宝官方推出的集手机支付和生活应用为一体的手机软件，通过加密传输、手机认证等安全保障体系，让用户随时随地使用淘宝交易付款、手机充值、转账、信用卡还款、买彩票、水电煤缴费等功能。如图 7—21 所示。利用图 7—21 中的付款码，在实体商铺结算时，让收银员用扫码枪扫一下自动生成的二维码，就可以完成付款。利用图中的“扫一扫”，在网上选择支付宝购物时，在付款的页面，会有一个二维码，扫一下后就可以完成支付。

图 7—20　集五福

图 7—21　移动支付宝界面

在首次进入“我的”主界面时候，会出现如图 7—22 所示的界面，需要输入正确的手势。输入正确后才能进入我的手机端支付宝，如图 7—23 所示，接下来用户就可以对账户进行管理。

图 7—22　输入手势

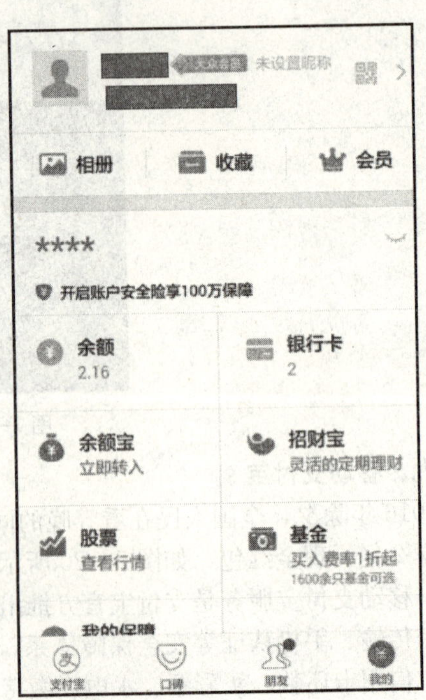

图 7—23　我的支付宝

十、Apple Pay 移动支付服务

Apple Pay 是苹果公司在 2014 年随着 iPhone 6 和 6 Plus 一道推出的移动支付解决方案。用户将信用卡或借记卡添加入 iPhone 的 Wallet 应用中，进而通过指纹识别技术完成验证，借助 NFC 近场通信技术与支持这一技术的支付终端完成交易。Apple Pay 移动支付服务可以把身上所有的卡都集成到手机中，如图 7—24 所示。在商铺产生支付行为的时候，无需再从钱包里把卡拿出来，只要见到带有银联闪付功能的 POS 机，直接把手机放上面，就完成支付了。它与微信、支付宝的区别在于 Apple Pay 并不是独立的第三方支付服务，相比较支付宝和微信支付，他没有自己的账户，也不参与资金的流动，Apple Pay 只是将原有的实体银行卡变成手机上"虚拟的银行卡"。

图 7—24　Apple Pay 绑卡

拓展练习

通过支付宝、微信等第三方支付工具尝试支付、转账及管理。

任务二　成本核算

情境导入

小苏有一家洗染店，已经营近6年，店里有3名员工，4部功能不同的洗染机。洗染机都是6年来逐步购置的，价值65 000元。小苏为自己的企业自豪，她靠洗染店的收入改善了住房并有能力送孩子到一个好的学校学习。不幸的是，上周最重要的干洗机坏了，无法修理。由于她最近刚买了一辆车，拿不出钱更换。请问小苏做错了什么？

知识探究

一、成本核算

成本核算是指将企业在生产经营过程中发生的各种耗费按照一定的对象进行分配和归集，以计算总成本和单位成本。成本核算通常以会计核算为基础，以货币为计算单位。例如，小王的成本如图7—25所示，如果按成本加利润32%的方法制定销售价格，那么一件工艺品的含税出厂价格应该为1.59元。((1 365÷1 200)×(1+32%)×(1+6%))

小王计划一个月生产1200件工艺品的总成本如下	单位：元
朱砂泥	400
羊毛和其他纤维材料	60
彩绘原料	120
市场营销和促销	50
工资	600
折旧及开办费摊销	65
保险费	20
维修费	30
电费、电话费	20
月成本总计	1365

图7—25　小王的成本

二、成本价格计算

进行成本价格计算首先要了解成本结构。固定资产折旧也是一种成本，需计算出单位产品的成本价格。

制作产品或服务价格的基础是成本核算。业主要严格核算成本，以保证定价高出成本；观察竞争者的价格，以保证价格有竞争性；需与同类商品价格比较，将竞争对手的出厂价格和自己的出厂价格做同类比较。

进行成本价格计算时，直接费用、间接成本、固定资产、料、工、费直接计入；开业、保险、促销分摊计入；按照不同物品、不同折旧率计提；缴纳国家和地方的税费都不得计入成本。

三、成本组成

成本＝固定成本＋可变成本。成本项目如图 7—26 所示。可变成本会随着生产或销售的起伏而变化，如材料成本。

常见成本项目		
材料费	银行收费	燃料费
办公文具和邮费	保险费	折旧费
租金	工资福利	电话费
水电煤气	广告费	营业执照费
维修费	律师和会计事务费	

图 7—26　成本项目

四、折旧

折旧是由于固定资产不断贬值而产生的一种成本，如汽车、设备等。折旧计算公式为月折旧额＝原值/(年限×12)，折旧是一种特殊成本。折旧期限、折旧率规定如下：

(1) 工具和设备：折旧期限为 5 年，年折旧率为 20%；

(2) 办公家具：折旧期限为 5 年，年折旧率为 20%；

(3) 工厂建筑：折旧期限为 5 年，年折旧率为 20%；

(4) 机动车辆：折旧期限为 10 年，年折旧率为 10%；

(5) 店铺：折旧期限为 20 年，年折旧率为 5%。

五、利润

利润等于销售净收入减去企业经营成本。销售净收入等于含税销售收入减去增值税及附加费。企业经营成本包括人工、生产销售、材料及资金成本等。其计算公式如下：

业主个人净收入＝毛收入－税费－企业成本－个人所得税

增值税＝净销售收入×6%

教育附加费＝增值税×(1%＋3%)

个人所得税基数＝业主工资＋利润

个人所得税＝(业主工资＋利润)×税率

拓展练习

完成店铺的成本核算分析，并形成分析报告。

任务三 销售预测

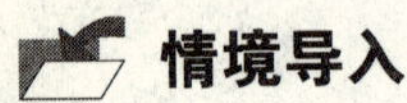

情境导入

一家风投公司看中了小王的电子商务项目，想进行投资，需要小王根据网络经营情况，提交未来三年的销售预测表。请问，如何制定销售预测表？

知识探究

一、销售预测

销售预测是指根据以往的销售情况以及使用系统内部内置或用户自定义的销售预测模型获得的对未来销售情况的预测。销售预测可以直接生成同类型的销售计划。

二、销售预测步骤

列出所有产品、服务项目；预测第一年里每个月期望销售的每项产品数量；为计划销售的每项产品制定价格；月销售额＝价格×月销量。

三、销售预测表

销售预测表示例见表7—1。

表7—1 销售预测表示例

		3	4	5	6	7	8	9	10	11	12	合计
销售	含税销售收入	477	954	1 272	1 590	1 908	1 908	1 908	1 908	1 908	1 908	
	增值税											
	销售净收入											
成本	原材料	145	290	387	483	580	580	580	580	580	580	
	工资											
	营销和促销											
	保险费											
	维修费											
	电费、电话费											
	折旧和摊销											
	总成本											
利润												
税费	纳税基数											
	个人所得税											
	附加税费											
	个人净收入											

拓展练习

完成店铺未来一年的销售预算分析，并形成分析报告。

项目八　网络客户服务管理

学习目标

1. 知识目标

网络客户服务、信用评价、满意度等设置。

2. 能力目标

能够熟练掌握网络客户服务内容及方法，完成网络店铺满意度分析及信用评价服务。

3. 素质目标

学会团队合作完成网络客户服务内容。

案例引入

小王的网店临近中午的时候客服都去午休了，这时候如果有消费者咨询，小王需要如何设置自动回复？

任务一　网络客户服务设置

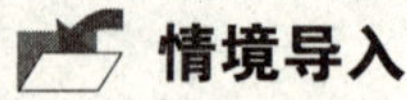

如何完成网络客户服务设置？

知识探究

一、网络客户服务

客户服务属于围绕核心产品所开展的附加服务，它是从客户出发、为客户着想，直接

服务于客户需求的一个长期过程，而不是所谓的销售活动。它通过客户满意度和生产效率的提高来达到长期利润最大化的目的。它的手段有现场服务以及通过电信、邮递、网络等开展的以信息沟通为目的的活动。

（1）售前服务，利用互联网把产品的有关信息发送给目标顾客。这些信息包括产品技术指标、主要性能、使用方法与价格等。

（2）售中服务，为顾客提供咨询、导购、订货、结算及送货等服务。

（3）售后服务，为用户安装、调试产品，解决产品在使用过程中的问题，排除技术故障，提供技术支持，寄发产品改进或升级信息，以及获取顾客对产品和服务的反馈。

二、网络客户服务内容

（1）产品及服务介绍。产品及服务介绍指向顾客及所有感兴趣的网民和潜在顾客，提供企业全面、详尽和即时的产品及服务介绍。顾客及潜在顾客无须像以往那样只能通过电话、传真、邮件等方式获得企业产品及服务的简单信息。

（2）顾客会员注册。提供注册，使来访者成为企业的会员。一方面，企业可以获得一定量的顾客信息；另一方面，企业可以有针对性地开展营销。

（3）优惠及服务。为企业提供产品的销售政策及举办的活动，提供优惠和服务，如数量打折、现金折扣、功能折扣、保修服务等。

（4）在线调查。常年开展以顾客满意度为核心的在线调查，于无声中向顾客传递企业对用户的关爱。同时，调查还可以及时了解顾客对产品的需求动态，为企业及时改进产品提供有效信息。

（5）在线投诉。互联网提供在线投诉的功能，让顾客迅速把产品使用过程中遇到的问题反馈给企业，暂时缓解顾客的不满情绪，一定程度上维护了企业的信誉。如果企业及时给予回复，可以把顾客产生的不满情绪转化为顾客对企业的信任。

（6）在线技术支持、培训。企业充分利用互联网的交互功能开展消费者培训，使消费者了解产品的工作原理，学会科学地识别和选择产品。通过开展在线技术支持能及时解决用户在产品使用过程中遇到的障碍。

（7）在线交易。在线交易的完成使信息服务、网络营销、各种在线支持一气呵成，大大提高了交易效率和交易的可靠性及安全性。互联网强大的信息功能又使企业和顾客双方都能随时查询交易情况，需要时还可以迅速做出调整。

（8）交易安全。安全问题是制约电子商务发展的一个障碍。为解决顾客的安全疑虑，企业应当提供各种安全措施。

（9）顾客论坛。顾客论坛提供了一个顾客自由交流的空间，让顾客自由发表各自对产品的看法和使用体会等。

三、FAQ 设计

（1）列出常见的问题及答案（建立 FAQ 所包含的内容）。FAQ 内容主要来源于客户提问，收集客户提问最多的问题，分析出客户提问的真正目的，并将问题进行汇总整理，形成 FAQ 清单。

（2）FAQ 页面的组织设计。可以从不同的角度去设计 FAQ，如企业提供产品使用或服务、产品和服务涉及的技术等方面。

四、在线客服

网站在线客服，或称网上前台，是一种以网站为媒介，向互联网访客与网站内部员工提供即时沟通的页面通信技术。

五、阿里旺旺

阿里旺旺是将原先的淘宝旺旺与阿里巴巴贸易通整合在一起的一个新品牌。它是淘宝和阿里巴巴为商人量身定做的免费网上商务沟通软件，可以帮助用户轻松找客户，发布、管理商业信息，及时把握商机，随时洽谈生意等。

对于一个淘宝店铺来说，客服（销售环节）是一个掌握企业命脉的环节。客服人员之间因为能力、人数等不尽相同，需要掌柜对店铺的客服子账号进行合理的分流设置。其操作方法如下：

（1）登录子账号管理中心，如图 8—1 所示。

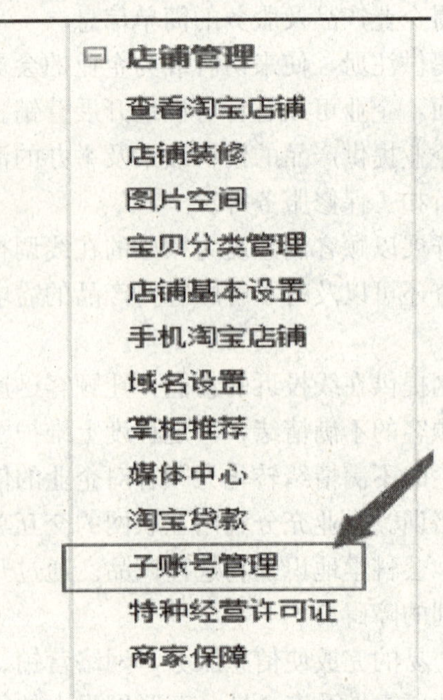

图 8—1 “管理中心”界面

（2）单击“旺旺分流”，进入客服子账号分流界面，如图 8—2 所示。

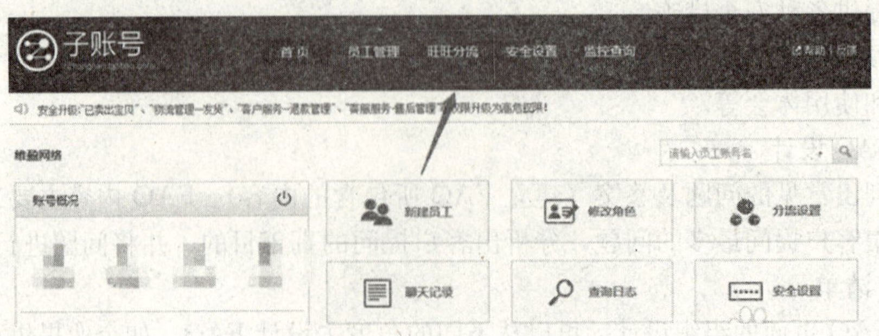

图 8—2 进入客服“子账号”

（3）单击“分流设置”，对整体分配规则进行设定，设置好单击“保存”按钮，如图8—3所示。

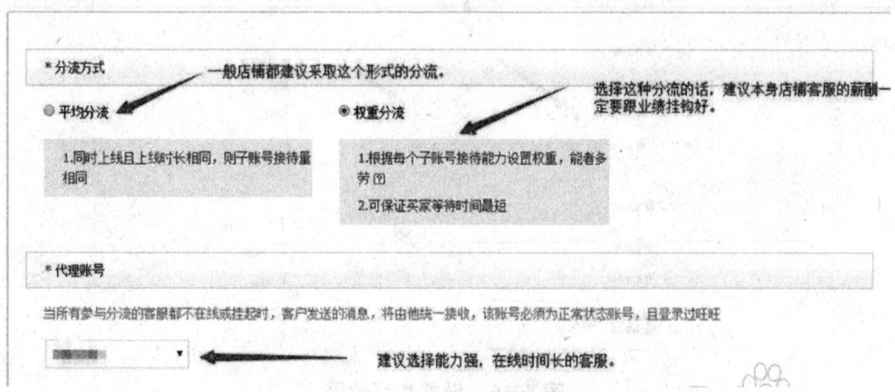

图8—3　进行分流设置

（4）单击“旺旺客服”，进行客服人员的分组及设置。这里分组的意思是将同性质的客服分类，比如售前、售后，这样在店铺体现的时候有利于用户查找，如图8—4所示。

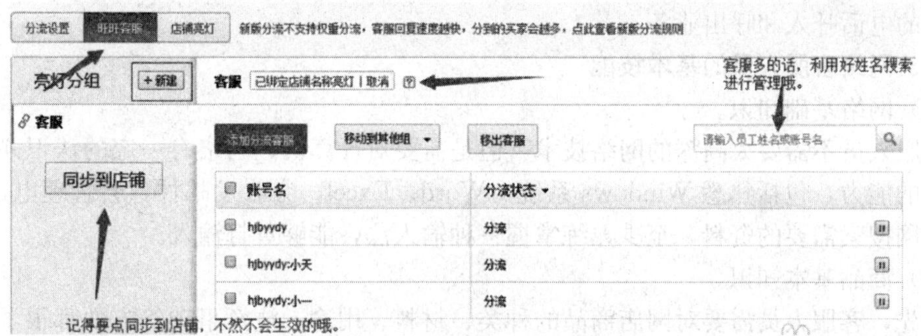

图8—4　进行客服人员分组

（5）在进行客服设置的时候，有一个新名词，就是客服亮灯，单击“店铺亮灯”，然后单击“修改亮灯”，可进行亮灯设置。如图8—5所示。

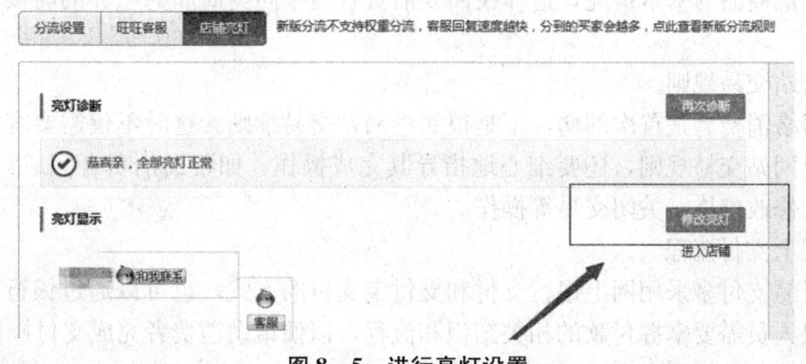

图8—5　进行亮灯设置

（6）进入修改店铺亮灯界面后，可进行自主设置，保存后到店铺首页查看效果，如图8—6所示。

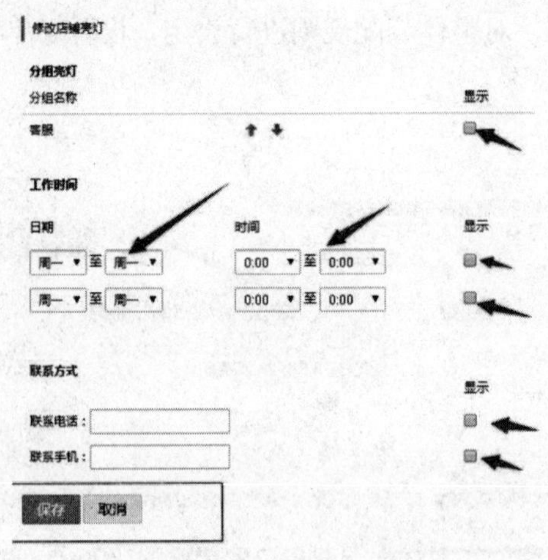

图 8—6　设置亮灯效果

六、呼叫中心

呼叫中心（Call Center）充分利用了现代通信与计算机技术，如 IVR（交互式语音 800 呼叫中心流程图应答系统）、ACD（自动呼叫分配系统）等，可以自动灵活地处理大量不同的电话呼入和呼出业务。

七、网络客服人员的基本技能

（1）网络基础知识。

客服人员不需要太高深的网络技术，但是需要对计算机、网络有一定的认识并掌握基本操作的能力，包括熟悉 Windows 系统、Word、Excel，会收发邮件，会管理电子文件，熟悉上网搜索需要的资料，至少熟练掌握一种输入法，能够盲打输入。

（2）商品基本知识。

首先，客服人员需要对网店商品的种类、材料、用途、注意事项等方面都很了解，最好还要对同行业的有关知识、商品的使用方法、维护方法等有基本的了解和掌握。其次，客服人员要掌握商品的周边知识，针对不同的消费群体推荐不同的商品。比如化妆品，根据使用者皮肤的性质（油性、干性、混合性皮肤）推荐合适的商品。最后，客服人员要了解同类的其他商品的基本情况，这样在回复消费者关于同类商品的差异的时候，能很好地解答。

（3）网站交易规则。

有些网络消费者是首次网购，不是很熟悉网站交易细则。这时不仅需要客服人员指点消费者查看网站交易规则，还要细心地指导其完成操作，如帮助消费者完成订单的查看、付款选择、修改价格、关闭交易等操作。

（4）网上支付流程。

网络交易支付多采用网上银行支付和支付宝支付的方式，也可以通过银行汇款的方式完成。客服人员需要掌握付款的相关知识和流程，以便帮助消费者完成支付操作。

（5）物流相关知识。

客服人员需了解不同配送方式的价格、速度、联系方式和查找方式，了解不同物流方式的运作模式，如邮寄、快递、EMS，最好还要了解国际快递方式。

(6) 使用聊天工具。

客服人员需学会使用聊天工具和消费者沟通，在沟通的时候尽量使用完整客气的句子。如果暂时没有想到合适的语言来回复消费者，可以灵活使用聊天工具上的表情。有时一个生动的表情能让消费者直接体会到对方的心情。

拓展练习

1. 完成店铺的FAQ分析，并形成分析报告。
2. 根据实际情况设置子账号，并进行账号管理。

任务二　满意度分析

情境导入

满意度由谁决定？满意度是不是决定了忠诚度？

知识探究

一、满意度

满意是一种心理状态，是客户的需求被满足后的愉悦感，是客户对产品或服务的事前期望与实际使用产品或服务后所得到实际感受的相对关系。如果用数字来衡量这种心理状态，这个数字就叫做满意度。客户满意是客户忠诚的基本条件。

二、抱怨与投诉

抱怨，指心中怀有不满，责怪别人。客户抱怨的原因是他暂时不想放弃你，他暂时没找到替代品，他以为你会补偿等。96%的不满意客户不会向你抱怨和投诉。他们只会保持沉默，然后离开你，在去购买竞争对手的商品的同时将他的不满意告诉16～20个人。只有4%的不满意客户会抱怨和投诉。所以如果客户不抱怨了，那接下来发生的就是客户一去不回头。所以，对于网店主来说，要及早发现并处理客户抱怨和投诉，防止竞争对手抢走客户。

消费者投诉，是指消费者为生活消费需要购买、使用商品或者接受服务，与经营者之间发生消费者权益争议后，请求消费者权益保护组织调解，要求保护其合法权益的行为。如何处理好消费者的投诉非常重要，下面介绍相关的程序和方法。

1. 处理消费者投诉的程序

(1) 建立消费者意见表（投诉登记表）。

接到消费者的投诉信息后，在表格上进行登记记录，如用户名、ID号、姓名、联系方式、E-mail、电话及原因等，并及时将表格传递到售后服务人员手中，负责记录的客服人员要签名确认。

（2）售后服务人员接到信息后立即通过电话、E-mail 等联系方式与消费者取得联系，进行交流沟通，详细了解投诉的内容，如问题商品的名称、规格、购买时间、问题表现等，并指导消费者对存在质量问题的商品进行拍照，将图片上传给客户人员。

（3）分析这些问题信息，并向消费者说明及解释网店售后服务规定，与消费者沟通协商。

（4）将处理情况向主管汇报，服务人员提出自己的处理意见，申请主管批准后，要及时答复消费者。

（5）消费者确认处理方案后，签订处理协议。

（6）将协议反馈回网店相关部门实施，如需要补偿配件，通知仓管部门出货；如需要赠送礼物，通知市场部发出。

（7）跟踪处理结果的落实情况，直到消费者答复满意为止。

2. 处理消费者投诉的方法

（1）确认问题。

认真仔细耐心地倾听消费者说话，并将对话进行记录或录音，在对方陈述过程中判断问题的起因，抓住关键因素。尽量了解投诉问题发生的全过程，听不清楚的，要用委婉语气进行详细询问，如“请你再仔细讲一次”或者“请等一下，我有些没听清……”把你所了解的问题向消费者重复一次，让消费者予以确认。了解完问题后征求消费者的意见以及他们要求。

（2）分析问题 。

在自己没有把握的情况下，现场不要下结论，一定要判断是非，也不要轻下承诺。最好将问题与主管协商后，共同分析问题。需要分析的问题有：问题的严重性到何种程度；你掌握的问题到何种程度；是否有必要再到其他地方进一步了解；解决问题时，投诉者除了要求经济补偿外，还有什么要求等。

（3）互相协商。

在与相关人员协商后，得到明确意见，由售后服务人员与消费者取得联系，并进行协商。

三、客户满意度调查

客户满意度调查是用来测量一家企业或一个行业在满足或超过顾客购买产品的期望方面所达到的程度。满意度是顾客满足情况的反馈。它是对产品或者服务性能，以及产品或者服务本身的评价 。

1. 一般调查

想要从客户调查中得到想要的结果，那么就需要设置正确的问题，如表 8—1 所示是一般常见的调查内容设置。

表 8—1　　客户调查一般内容

配送	客服人员	商品	竞争
货到完好	是否容易与你联系	性能	其他特点
订单准确	基本知识	可靠性	价格
配送齐全	礼貌微笑	说明书全面	质量

续前表

配送	客服人员	商品	竞争
	积极帮助	说明书清楚	保单
	及时答复	使用简单	配销渠道
	问题解决	外观	信誉
	履行诺言		

2. 调查方式

顾客满意度调查常用的方法主要有问卷调查、入户访谈、电话测评、小组座谈以及神秘顾客法等。每种方法都有所侧重，获取的效果也有所不同。因此采用单一某种方法进行满意度测量，很难获得全面、准确的满意度数值。所以应根据产品特征、客户结构以及消费情况，选取不同的组合方式进行满意度调查和测量，使顾客满意度能更全面、真实客观地反映顾客的感受。

如果采用聊天工具做调查，那么调查时间一般需要控制在 4 分钟内。除非消费者想和你多谈，否则不要超过这个时间。一定要保证不论你说什么，告诉客户一个让他们填写调查表的原因以及这在将来会给他们带来的好处。

如果是电话调查，就一定要选择讲话易懂、说话耐听的客服人员进行电话调查。如果有机会可以使用一些小方法鼓励肯花费时间接听的客户，如赠送小礼物或答应将调查结果反馈给消费者等。

3. 结果分析

调查方法固然重要，但调查结果的分析更为重要。调查的目的就是根据结果而采取行动，有针对性地提高工作效率。一个企业的资源有限，不可能将任何影响客户满意度的问题全部立马解决，通常应当分出轻重缓急，在一段时间内重点解决那些影响重大的问题。如图 8—7 所示的某网店商品满意度调查结果。

宝贝与描述相符 ★★★★★ 5 分 - 质量非常好，与卖家描述的完全一致，非常满意

卖家的服务态度 ★★★★★ 5 分 - 卖家的服务太棒了，考虑非常周到，完全超出期望值

物流服务的质量 ★★★★★ 5 分 - 到货速度非常快，商品完好无损，派件员态度很好

图 8—7　某网店商品满意度调查结果

拓展练习

完成店铺满意度调查表的设计、发放及回收，并形成分析报告。

项目九　制订创业计划书

任务一　创业计划书撰写

一、编写原则

1. 真实性原则

创业计划书中的内容务必真实，不能有虚假成分。

2. 简洁性原则

创业计划书中应避免一些与主题无关的内容，要开门见山直接切入主题。语言应简洁、精炼。

3. 完整性原则

创业计划书已成为一种国际惯例，结构是固定的。因此，结构应完整、清楚，内容应全面。

4. 一致性原则

创业计划书的前后基本假设或预测要相互呼应、一致，也就是说前后逻辑要合理。例如，财务预测必须根据市场分析与技术分析所得结果进行各种报表的规划。

5. 保密性原则

创业计划书中涉及的核心机密可适当进行规避。

二、编制提纲

1. 摘要

摘要包括：公司概述、主要产品和业务范围、行业和市场、营销策略、生产管理计划、管理者及其组织、融资说明、财务计划与分析、风险因素、退出机制等总括式的语言内容。

2. 公司概况

公司概况主要有：公司名称、地址、联系方式等；公司的自然业务情况；公司的发展

历史；对公司未来发展的预测；公司的竞争优势或者独特性；公司的定位、公司的战略、重要的取胜因素；公司的中期目标和长期目标等内容。

3. 产品（服务）

产品（服务）主要包括：产品（服务）的名称、特征、性能、用途及主要产品介绍；产品（服务）的研究和开发过程；产品（服务）处于实验阶段还是成熟阶段；产品（服务）的品牌和专利；产品（服务）的市场前景和竞争力；产品（服务）的技术改进；发展新产品的计划和成本分析等。

4. 行业和市场

（1）行业分析。就企业所处行业的全貌及企业产品在行业中的需求变化情况进行描述。

（2）市场定位。通过市场细分，把潜在的顾客按某种特点（地理、人口、顾客的经历与偏好等）加以分类。就这些问题及市场概况，进行明确的介绍和必要的分析，并在此基础上描述企业的市场定位。

（3）竞争分析。应对竞争者的产品、市场份额和营销策略等进行分析。

5. 营销策略

营销策略包括营销机构和营销队伍、营销渠道的选择和营销网络的建设、广告策略和促销策略、价格策略、市场渗透与开拓计划、市场营销中意外情况的应急对策等。

6. 生产计划

生产制造计划包括：企业生产制造所需的厂房、设备情况；怎样保证新产品在进入规模生产时的稳定性和可靠性；设备的引进和安装情况，谁是供应商；生产线的设计与产品组装情况；供货者的前置期和资源的需求量；生产周期标准的制定及生产作业计划的编制；物料需求计划及其保证措施；质量控制方法等。

7. 组织与管理

组织与管理包括：企业的法律形式；组织结构及未来组织结构的可能演变；各部门的功能与责任；各部门的负责人及主要成员；公司的报酬体系；公司的股东名单，包括认股权、比例和特权；公司的董事会成员；各位董事的背景资料等。

8. 财务分析

（1）财务规划。财务规划是对今后五年企业发展状况的预测，需要花费较多的精力来做具体的分析，包括编制现金流量表、资产负债表及损益预测表。

（2）投资计划。投资计划包括预计的风险投资数额；风险企业未来的筹资资本结构如何安排；获取风险投资的抵押、担保条件；投资收益和再投资的安排；风险投资者投资后双方股权的比例安排；投资资金的收支安排及财务报告编制；投资者介入公司经营管理的程度等。

（3）资金需求计划。资金需求计划是为实现公司发展计划所需要的资金额、资金需求的时间及资金的用途所做的计划。

9. 风险分析

风险分析主要包括市场风险、技术风险、管理风险、财务风险、人力资源风险及其他不可预见的风险。

10. 退出方式

投资者的退出方式主要说明企业成功创业后，投资人的初期投资以什么样的方式收回的问题。

三、整体规则

（1）结构完整，逻辑紧密。

（2）内容全面、系统、科学性强。

（3）语言通顺流畅，表达清晰，重点突出，条理分明。

（4）相关数据科学、翔实、客观可信。

（5）前后呼应，整体协调。

（6）专业语言运用准确。

（7）格式规范，书面整洁。

四、具体规则

1. 摘要规则

简明扼要，能有效概括整个计划。思路和目标清晰，具有鲜明的个性，具有吸引力。

2. 项目介绍规则

能详细说明创业涉及产品、技术和服务的情况，如创业计划的产业背景和市场竞争环境，详细的产品、技术或服务说明，以及如何满足消费者需求等。技术或理念创新要适应现有消费水平，对前景判断合理准确，特点突出，有较高的商业价值，需求分析合理。

3. 市场调查和分析规则

市场调查分析要严密、科学，数据翔实可信，详细阐明市场容量和趋势，对市场份额及市场走势预测合理，对市场竞争状况及各自优势认识清楚，分析透彻。

4. 发展战略规则

能够阐释企业的发展战略，分阶段制定企业的发展计划和目标，包括市场定位与商业模式；总体进度安排，分阶段制定企业的发展计划与市场目标；企业的发展方向和产品线扩张策略等。

5. 团队组织规则

组织架构和团队结构合理，分工明确，人力资源配置合理。

6. 资金运作和成本预算规则

资金需求和来源可靠，融资计划详细，投资回报预测准确，资金运营计划合理，能够预测近1～3年的财务状况及经营业绩，列出主要财务报表和财务指标。

五、计划书写作程序

第一阶段：创业计划书构想细化。

第二阶段：市场调查。

第三阶段：财务分析。

第四阶段：创业计划书撰写与完善。

六、计划书说明

（1）我们的业务。

（2）我们的商业模式及主要的收入来源。

(3) 我们的竞争对手。
(4) 我们的客户是谁。
(5) 我们的业务目前的发展状况。
(6) 希望融资的金额及架构。
(7) 目标评估价值。
(8) 团队组织结构。
(9) 公司运营架构。

七、计划书易出现的问题

(1) 冗长，无实质内容。
(2) 幻想与浮夸。
(3) 项目追求大而全。
(4) 抄袭。
(5) 无数据支撑，无调研支撑，用含糊不清或无确实根据的陈述或结算表。
(6) 言语过于专业、深奥。
(7) 隐瞒事实，使用虚假信息。
(8) 前后脱节或重复。

八、15 分钟分配

(1) 5 分钟陈述：摆数据做类比。
把模式说清楚，把核心竞争力说清楚，把运营数据说清楚。
(2) 10 分钟互动：简明扼要。
正面回答，少绕圈子，引导提问，争取机会。

九、现场把握

(1) 答辩细节：势、道、术。
(2) 适应比赛氛围。
(3) 精神状态好。
(4) 自信心很重要。
(5) 眼神要找到聚焦点。
(6) 姿态动作要跟上。
(7) 语气要果断、语句要简练。
(8) 控制好时间。
(9) 敢于挑战评委的知识面。
(10) 注意着装。
(11) 现场设备的调试及使用。

十、魅力展示

(1) 专业：行业的理解，产品的体验，文档的包装，缜密的逻辑。
(2) 敬业：工作的投入，事业的追求，层次的适应。
(3) 热情：愿意分享，乐于助人。
(4) 思想：心胸开阔，不拘小节，接受批评，挑战困难。

十一、设计文件

（1）了解一份设计得很完美的计划书的价值。

（2）为商业计划书的各部分安排适当的次序。

（3）识别商业计划书的组成部分以确定计划书的编排。

（4）选择最合适的图表或图片来说明特定的信息。

（5）识别附录中包含的信息。

十二、展示赠品

（1）认识到展示赠品对于成功地展示计划书所带来的益处。

（2）识别展示赠品的目的。

（3）熟知选择适当的展示赠品和印刷品的标准。

（4）认识到版面设计有助于选择或创建有效的展示赠品。

拓展练习

团队合作完成一份创业计划书，并进行团队展示。

附录1　创业案例参考（节选）

微信信智能服务平台建设项目创业（商业）

计划方案

公司名称：____________________________________

公司主营：____________________________________

负 责 人：____________________________________

××××年××月

目 录

一、方案概要

《微信信智能服务平台建设项目》由对辽宁省实际需要调研而来，项目利用简洁可行、合理有效的方法确保业务需求的实现，宗旨是为企业与客户在移动终端搭建沟通互动的桥梁，利用移动互联网的产品开放平台进行创业。

该服务平台是移动电商时代全新的客户服务模式。它作为移动终端客服应用的缔造者，依托微信平台庞大的用户凝聚力，多样化的信息传达方式，个性化的互动服务基因，整合完备的客户关系管理系统和客服成本控制机制，让企业迅速拥有高效、低成本的微信呼叫中心，打造前所未有的客户服务体验，助力企业先人一步进入移动电商时代。

一站式个性化自主订制，图标、界面、色彩、交互尽在掌握。丰富的模块化内容源，整合海量互联网内容。专业后台管理系统，可实时掌握运营动态，提供精准数据分析。支持所有主流手机系统：一次制作，可以同时生成支持 ios、Android、Windows Phone7 等所有手机平台，同时还支持 HTML5 和电脑插件，满足不同用户的需求。

团队开发产品的定价策略为渗透定价策略。短期内尽快争取最大可能的市场占有率，争取最大限度地利用先发优势。在盈利模式上，采取多种盈利模式相结合。在推广策略上，前期目标为迅速占领市场、扩大市场占有率；中期目标为培养用户习惯和用户忠诚度；后期目标为推广其他产品。推广渠道多种多样，配合线上线下推广活动，使产品能够迅速推广到广大用户中，使品牌得以建立起来。

坚持体现服务价值，科技创新的理念，应用先进的信息技术、软件技术和丰富行业经验，成功推出系列移动信息化产品，为企事业单位快速实现移动信息化提供了强有力的技术支撑。

二、团队介绍

（一）团队成员

××（专业学生）。

（二）团队实体

××开发有限公司。

（三）公司定位

专注于企业移动互联相关产品开发与服务定制的高科技技术团队，为企业信息化建设和健康发展提供有力保障。

（四）服务理念

诚实守信、方便快捷、定制服务、分享应用。

（五）公司自然情况

××有限公司是由××应用中心孵化出的创业单位，该中心采用以学生为主体、教师为指导的培养模式，全面提升学生的专业技能，培养学生创业意识，提高学生创业能力，积累学生创业经验，为学生走上社会进行自我创业提供实践锻炼的平台。

目前主要面向企事业单位提供软件开发、网络建设及网站优化推广等业务，致力于企业信息化建设工作；同时为专业学生打造企业工作环境，提供实践训练机会，为创业学生提供基金和技术指导。

（六）竞争优势

伴随着 4G 通信产业发展的新机遇，针对辽宁省移动互联网发展实际情况，面向辽宁地区各级各类企业，可以身临其中获取经济、政策和技术支持，具有独特的竞争优势。

（七）公司战略

三年内立足辽宁省市场做好开拓准备工作，前瞻性把握市场需求，实施中强调客户体验，积极采用合作、投资方式加快业务发展进度；五年内立足辽宁省市场推广定制服务，完善服务体系，确保 100%的顾客满意率，提高顾客忠诚度和口碑传播效果。

三、产品服务

——负责人：××

（一）产品与服务描述

微信信智能服务平台致力于为企业打造优秀的公众服务平台，提升客户消费体验与服务。通过定制微信信服务的商家或者企业，可以为客户提供有价值信息的订阅；弥补微信 O2O 业务流程中的沟通环节的缺失；提升客户的商业咨询活跃度、促进移动消费习惯；提升客户的服务体验，拉近与客户之间的关系；建立企业微信品牌网站。同时还具有开展互动活动，让人气翻倍、让企业更有影响力、快速增加粉丝的功能。

进入微信信智能服务平台均可以了解该平台所具有的各项功能模块。

（二）产品与服务展示

登录 http://www.vxinxin.com/后，页面展示了八个功能模块，如图 1 所示。

图 1　微信信智能服务平台首页

微信信智能服务平台可以为用户提供四大类服务：基础服务、营销推广服务、行业服务和系统管理。

（三）产品与服务开发过程

1. 项目定位

微信信智能服务平台设计初衷是将企业微信公众账号通过技术平台接入、运营管理等方式，帮助企业向微信用户提供更完备的服务信息、用户体验、营销效果等企业应用解决方案。为各行业的企业客户提供基于微信平台的客户服务、产品推介、互动营销、市场调查、产品订单等运营系统功能服务。

2. 产品与服务需求分析

在微信信智能服务平台建设初期，团队通过实地调研、电话调研、网络调研、微信调研等方式，对多个行业客户进行了解，得出目前行业需求情况……

3. 产品与服务系统结构

微信信智能服务平台的系统结构如图2所示，它基于微信公众平台二次开发系统，由四个功能部分组成。每个功能中包含多个业务模块，而所有的业务流程都围绕这几个组成部分进行。

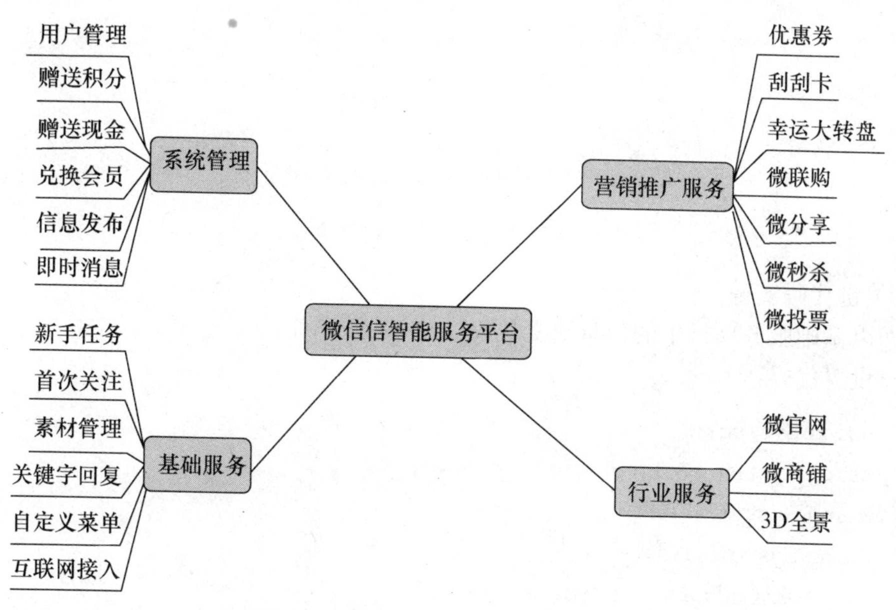

图2 微信信智能服务平台的系统结构

4. 产品与服务应用的关键技术

产品与服务应用的关键技术是.NET框架结构。

.NET是Microsoft面向XML Web服务的平台，它使用统一的、个性化的方式将信息、设备和人员紧密联系在一起，消除互联环境中不同硬件、软件、服务的差别。不论操作系统和编程语言有任何差别，不同的设备、不同的操作系统都可以相互通信，使不同的程序和服务之间可以相互调用，使应用程序在互联网上随时传输和共享数据。.NET致力将手机、浏览器和门户应用程序集成到一起，形成一个统一的开发环境。

.NET 框架体系主要包括五大部分：程序设计语言及公共语言规范（CLS）、应用程序平台（ASP. NET 及 Windows 应用程序等）、ADO. NET 及类库、公共语言运行库（CLR）、程序开发环境（Visual Studio）。

5. 产品设计实现

首先设计出微信信智能服务平台的登录界面，如图 3 所示，企业用户可注册后进入。

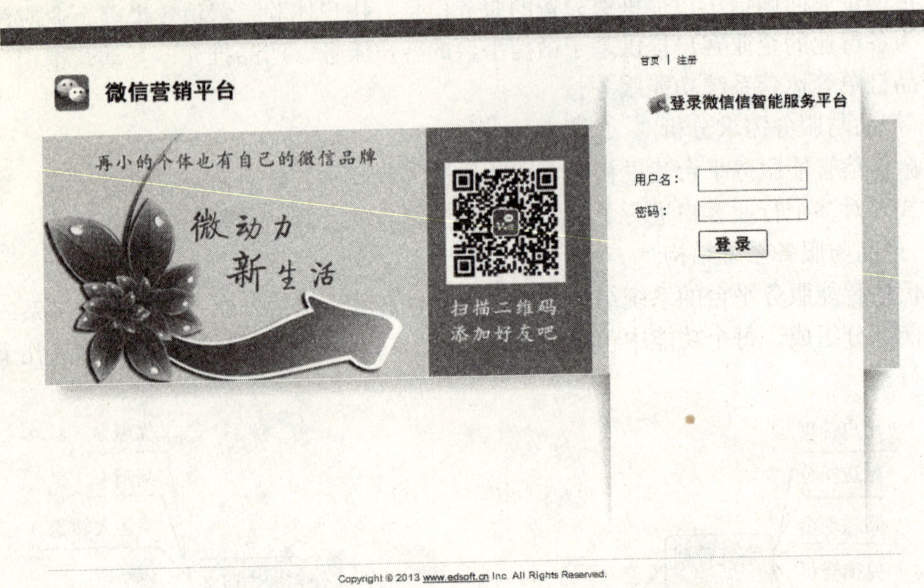

图 3　微信信智能服务平台登录界面

6. 关键代码实现

下面以基础服务项目中的消息回复代码进行举例介绍：

接口设置代码：

```
using System;
using System. Collections. Generic;
using System. Text;
using System. Data;
namespace edsoft. Weixin {
    interface interfaceWx {
        void Receive ();
        string Reply (int platfrom _ UserId);
        bool CheckSignature ();
        string Valid ();
        DateTime UnixTimeToTime (string timeStamp);
        int ConvertDateTimeInt (System. DateTime time);
    }
}
```

四、行业与市场

——负责人：××

（一）创业项目背景

全球移动终端市场以爆炸性的态势迅猛发展。2013年全球移动终端销售约为18亿部，其中，智能通信终端销售为9.68亿部。国际数据公司（IDC）于2014年2月公布了2013年第四季度的统计数据，结果显示Android设备在市场份额和出货量两方面都处于领先位置。Android的市场份额从2013年的66.4%增长至现在的78.4%，IOS守住第二的位置，份额为15.6%，微软处于第三的位置，份额为3.2%，具体见表1。

表1　　2013年全球智能手机操作系统终端销售量　　单位：千部

作业系统	2013销售量	2013市占率	2012销售量	2012市占率
Android	758 719.9	78.4%	451 621.0	66.4%
IOS	150 785.9	15.6%	130 133.2	19.1%
Microsoft	30 842.9	3.2%	16 940.7	2.5%
BlackBerry	18 605.9	1.9%	34 210.3	5.0%
其他	8 821.2	0.9%	47 203.0	6.9%
总计	967 775.8	100.0%	680 108.2	100.0%

终端品牌厂商完成又一轮洗牌，2013年全球手机终端销售量总计18亿部，较2012年增长3.5%。2013年第四季，终端使用者购买了4亿9 030万部手机，较2012年同期增加3.9%。Gupta表示："尽管前三大厂商主宰了全球手机市场，其合计市场占有率于2013年第四季及整年度却有所下滑，其原因是中国品牌和区域性品牌的市场占有率持续攀升。"

（二）市场现状综述

全球移动互联网服务收入2013年增长23.4%，达3 000亿美金；其中，无线宽带用户猛增28.8%，而智能手机用户比重也增加6.6%，占手机用户总量的27.5%。从移动数据流量的增长幅度来看，亚太地区有望引领群雄。

在移动互联网收入中，流量费、产品与服务收入贡献最大，广告及电子商务盈利模式尚需深入挖掘。随着移动互联网的进一步发展，移动互联网的应用及内容体系将会获得更为多元化的发展，这将成为未来移动互联网收入的重要来源。

具有移动端特色的应用体系将成型。原有的移动互联网应用主要还是基于互联端进行的迁移，但是随着移动支付等应用的完善，各类深入用户生活流程当中的应用将会获得更好的发展。这类的应用由于更加贴近用户的生活，所以在盈利模式方面还有很大的扩展性，这种应用也将成为有效促动市场发展的关键性因素。平台竞争已成焦点，细分领域仍存有大量的市场机会，如图4所示。

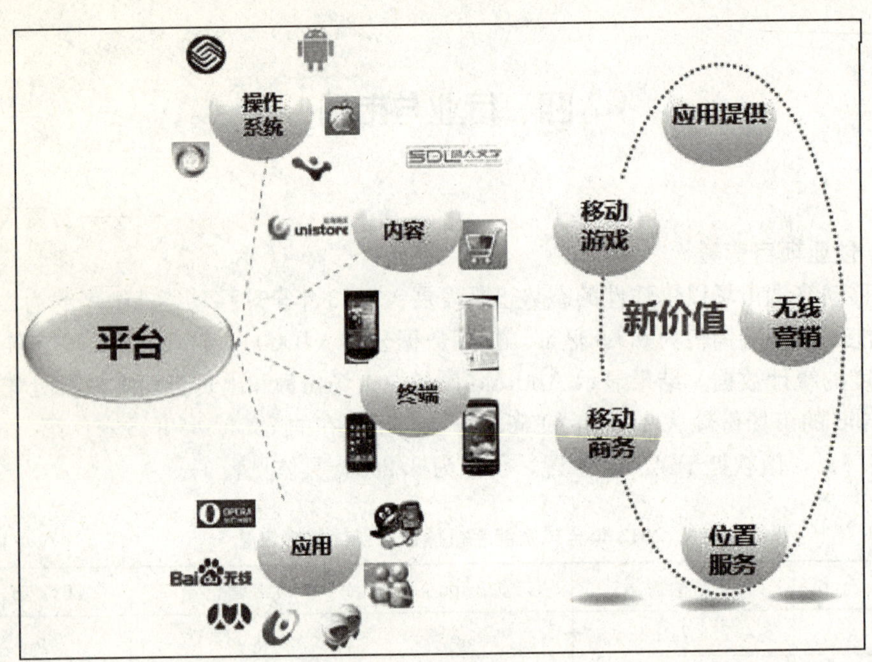

图 4　移动端应用体系

（三）目标市场分析

《微信信智能服务平台建设项目》将目标市场锁定在移动互联网络中为企业提供微信服务平台的开发上。微信作为一款手机软件与个人信息紧密相关，新媒体的智能手机能够随时随地上网，这是 PC 所做不到的，而微信公众平台相比于其他网络平台在传播方面也具有明显的优势。

……

五、营销策略

——负责人：××

（一）产品策略

微信是时下最受关注的移动互联网产品，经过三年的发展，微信注册用户数量已经超过六亿，成为移动互联网最重要的入口之一。

微信公众平台作为微信最重要的组成部分，是一个新增的功能模块，个人和企业都可以打造自己的微信公众账号，实现与特定群体在文字、图片和语音的全方位沟通、互动。它主要面向名人、政府、媒体、企业等，通过微信渠道将品牌推广给微信用户，可减少宣传成本，提高品牌知名度，打造具有影响力的品牌形象。

微信信智能服务平台主要为这些企业公众账号服务。产品营销方案见表 2。

表2 产品营销方案

微信平台营销	网络应用程序嵌入	互联网接入系统开发	进行互联网常规使用功能的嵌入，关注粉丝。在体验上深度关注，互联接入，体现公共微信平台人性化、个性化的表现，例如在线查询当地天气，查询列车次数等
	优惠券	优惠券活动发布	优惠券是目前较为流行的促销方式，但是由于目前优惠券的发放渠道过多，并且个别渠道带有较为繁琐的获取及使用方式，导致用户使用体验降低。而通过微信发放优惠券，使用户获取及使用惠券更加方便，且优惠券是由企业自行发布可信度较高，更易对优惠券进行识别和管理
	刮刮乐	活动功能设置生成 活动方式定制功能 活动最后结构使用统计 每项活动编辑与发布	（1）用微信的强交互性，让用户通过对互动流程、互动环节和互动方式的设计，运用各种设计活动实现与用户的互动交流，微整合系统互动符合微信娱乐性强的产品本质，通过不断更新补充主题，用户可以反复参与，并可带动周边朋友一起分享，从而形成极强的口碑营销效果。 （2）每月可编辑两次不同形式的抽奖活动，让客户能够感受到不同的娱乐形式
	幸运大转盘		

（二）价格制定策略

图5详细列举了微信信产品的资费标准。企业注重提供售后服务、技术支持和后续版本升级。时刻关注网站中的评论，通过微信、E-mail、微博等途径让消费者可以联系到企业。如果能做到对消费者提出的问题迅速反馈，并在新版中改进，毫无疑问可以建立良好的口碑，带动日后销量的增长。所以，聘用专门的客服人员收集客户反馈意见是至关重要的。

资费标准								
智能服务		免费用户（免费）			普通会员（128元/月）			VIP会员（288元/月）
功能名称	功能内容	基础上限	最高上限	积分兑换	基础上限	最高上限	积分兑换	最高上限
首次关注	自定义文本回复	1个	1个	0	1个	1个	0	1个
	自定义单图文回复	1条	1条		1条	1条		1条
	自定义多图文回复	1条	1条		1条	1条		1条
	自定义组合图文回复	3条	10条	200积分/条	6条	10条	200积分/条	10条
	自定义活动回复	1个	1个	0	1个	1个	0	1个
	自定义业务模块回复	1个	1个		1个	1个		1个

图5 微信信产品价格策略

（三）企业促销策略

市场渗透与开拓方面主要采用“低价格＋高促销”的快速市场渗透策略。

六、组织管理

——负责人：××

核心管理团队主要由创业小组人员组成。他们都是具有高学历的大学教师与学生，具有人力资源管理的专业知识，将为公司制定切实可行的决策，执行最有效率的任务。在获得风险投资后，投资人员自然也成为团队管理成员。当然，管理团队还将邀请具有各专业技术及管理经验的人员加入，并担任重要职务。

（一）组织结构

组织结构构成原则：明确各个岗位功能与职责、目标和任务，按照功能进行分组，重点是加强各小组之间的协调，加强服务的质量与流程管理控制，加强沟通和服务过程控制。组织结构如图 6 所示。

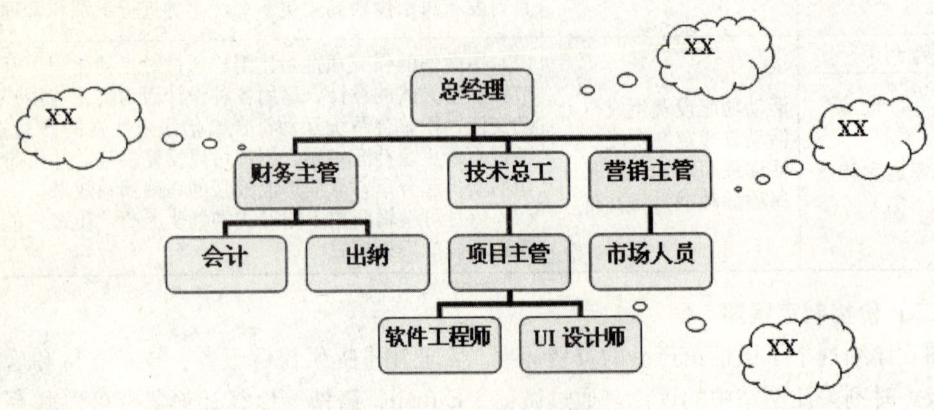

图 6 组织结构图

（二）岗位职责

下面重点介绍项目主管的岗位职责。

（1）负责分解监督、执行和实施相关服务标准、计划与政策；

（2）负责制定微信信服务年度工作计划，分解工作任务和监督执行；

（3）负责服务资源的统一规划和配置，人员管理工作统一调配；

（4）负责技术人员的工作指导和监督；

（5）负责接受处理客户投诉，及时向上级部门反馈；

（6）处理由服务引起的突发性事件，提交处理过程报告。

（三）公司的报酬体系

1. 岗位职级的划分

公司所有岗位分为四个层级，分别为：一层级（A）：经理；二层级（B）：高工级；三层级（C）：专职员工；四层级（D）：兼职员工。A、B 岗位层级分别为六个级差（A1、A2…A6），C、D 岗位层级分为四个级差（C1、C2…C4）。公司的薪资划分有利于员工的晋升。

2. 薪资的组成

薪资＝基本工资＋岗位津贴＋绩效奖金＋加班工资＋各类补贴＋个人相关扣款＋业务提成＋奖金。

七、财务分析

——负责人：××

（一）财务规划

1. 公司利润

本公司主要涉及信息化建设服务行业，地址设在辽宁市新城区，经过有关部门认定为高新技术企业，可以享受企业所得税减至15%的国家优惠政策，而且免征收个人所得税。

由于公司与辽宁机电职业技术学院合作，所以收入与学院按85∶15的比例分成，学院的分成计算到销售成本里面。本公司在三年内将会把资金的投入收回，公司的所有收入将有财务部保管，每月进行工资结算，每年进行总结算，具体情况可见利润表。

公司初步启动时的目标为保持公司资本的积累，进而维持公司的生存和发展。公司自盈利之年起，以净利润20%进行投资分红。电脑设备寿命为10年，期末无残值，按直线折旧法计算，具体数据见表3。

表3　　利润表　　单位：万元

	第一年	第二年	第三年	第四年	第五年
一、产品销售收入	9.60	13.44	18.82	26.35	39.50
减：销售成本	1.44	2.02	2.82	3.95	5.93
二、产品销售利润	8.16	11.42	16.00	22.40	33.57
减：推广费用	8.00	6.00	5.00	6.00	5.00
聘用员工费用	6.00	6.50	7.00	8.00	9.00
研发费用	2.00	3.00	5.00	4.00	5.00
三、利润总额	−7.84	−4.08	−1.00	4.40	14.57
减：所得税	0.00	0.00	0.00	0.66	2.19
四、净利润	−7.84	−4.08	−1.00	3.74	12.38

2. 资产负债

公司前期资金将用于公司基本设施的建设，同时该资金就是本公司的固定投入。公司运转五年后的情况可见资产负债表（见表4）。

表4　　资产负债表　　单位：万元

	第一年	第二年	第三年	第四年	第五年
资产					
流动资产					
货币资金	16.00	12.00	35.00	36.00	40.00
应收账款	0.80	1.30	2.20	1.20	2.40
流动资产合计	16.80	13.30	37.20	37.20	42.40

续前表

	第一年	第二年	第三年	第四年	第五年
固定资产					
固定资产原值	9.00	9.00	9.00	9.00	9.00
减：累计折旧	0.90	1.80	2.70	3.60	4.50
固定资产净值	8.10	7.20	6.30	5.40	4.50
无形资产	20.00	20.00	20.00	20.00	20.00
减：累计摊销	2.00	4.00	6.00	8.00	10.00
无形资产净值	18.00	16.00	14.00	12.00	10.00
资产合计	42.90	36.50	57.50	54.60	56.90
负债及权益					
流动负债					
应付账款	0.30	0.27	0.22	0.70	0.44
短期借款	20.00	0.00	0.00	0.00	0.00
负债合计	20.30	0.27	0.22	0.70	0.44
所有者权益					
实收资本	10.00	10.00	10.00	10.00	10.00
盈余公积	0.00	0.00	0.00	0.00	0.00
未分配利润	0.00	0.00	0.00	2.99	9.90
所有者权益总计	10.00	10.00	10.00	12.99	19.90
负债及所有者权益总计	30.30	10.27	10.22	13.69	20.34

注：无形资产按 10 年摊销，无残值。

3. 现金流量

以目前经营活动为主进行汇总，在投资筹措资金到位后，再将各个项目体现在现金流量表中。现金流量表见表 5。

表 5 **现金流量表** 单位：万元

	第一年	第二年	第三年	第四年	第五年
一、经营活动产生的现金流量					
提供服务收到的现金	9.60	13.44	18.82	26.35	39.50
减：与学院分成的支出	1.44	2.02	2.82	3.95	5.93
租用服务器的支出	1.00	1.00	1.00	1.00	1.00
注册域名费用	0.05	0.05	0.05	0.05	0.05
员工工资	6.00	6.50	7.00	8.00	9.00
办公地点租用	1.00	1.00	1.00	1.00	1.00
研发费用	2.00	3.00	5.00	4.00	5.00
摊销	2.00	2.00	2.00	2.00	2.00
市场推广费用	8.00	6.00	5.00	6.00	5.00
经营活动产生的现金流量净额	−11.89	−8.13	−5.05	0.35	10.52

续前表

	第一年	第二年	第三年	第四年	第五年
二、投资活动产生的现金流					
构建固定资产所支付的现金	9.00	0.00	0.00	10.00	0.00
投资活动产生的现金流净额	−9.00	0.00	0.00	−10.00	0.00
现金流小计	−20.89	−8.13	−5.05	−9.65	10.52
三、筹资活动产生的现金流量					
吸收投资所收到的现金	0.00	35.00	30.00	20.00	20.00
金融机构贷款所收到的现金	20.00	0.00	0.00	0.00	0.00
偿还贷款所支付的现金	0.00	20.00	0.00	0.00	0.00
偿还利息所支付的现金	0.00	1.06	0.00	0.00	0.00
偿还股利所支付的现金	0.00	0.00	0.00	0.75	2.48
筹资活动产生的现金流量	20.00	13.94	30.00	19.25	17.52
四、现金及现金等价物净增加额	−0.89	5.81	24.95	9.60	28.04

（二）投资计划

本公司投资计划主要分布在软件开发维护、站点维护、设备更新、技术人员培训及媒体推广等方面。

（三）资金需求计划

为实现公司发展，需要固定资金约 9 万元，初始流动资金约 16 万元，以上资金将用于公司基本设施的建设和前期运营结算前的开支，同时该项资金也是本公司的固定投资。通过银行贷款、不同渠道融资等方式在短期内筹集，保证公司的正常运作。未来三至五年的资金筹集计划如表 6 所示。

表 6　　资金需求

单位名称：××有限公司　　单位：万元

项目	第三年	第四年	第五年
自有资产	57	57	57
增加投资	30	20	20
银行贷款	0	0	0
主营业务收入	19	26	40
其他收入	2	3	5

八、风险分析

（一）市场风险

1. 风险类型

（1）需求风险：当客户的需求发生转移时，会造成公司所提供的服务有偏差，导致客户对公司提供的服务不满意，这需要在公司运营期间做好市场调查和需求分析，在公司成长过程中时刻关注客户需求的变动，并对公司内部进行适应市场的调整。

（2）竞争风险：当市场现存的同类公司或相同性质公司出现时，公司的业务分割遭到冲击，公司利润下降，这需要提高公司的服务质量，努力提升公司的优势项目。

（3）溢出效应：公司的经营理念或核心技术遭到其他公司的模仿，表现为市场上出现大批的竞争对手，公司的市场份额急剧减少。这需要避免市场上出现经营理念或核心技术能力与自己相近的公司，优先选择其他公司未开发的服务项目。

2. 风险控制

积极与代理商、其他应用开发商、开发团队沟通合作，抓住时机，站稳脚跟，打开市场，占得先机。

（二）技术风险

1. 风险种类

（1）技术应用风险：事先对技术复杂性估计不足，出现难以解决的技术困难，导致公司的正常运行受损。这需要集中力量解决技术难题，采取备案方式供后续操作使用。随着公司的不断发展，设备仪器要更新为性能最好的。另外，公司的服务要追求个性化和定制化，因此，服务体系也要随着主流技术不断创新，在保证服务质量的同时，加大个性化的建设以应对当前的潮流形式。

（2）技术衔接风险：公司内部各成员所采取的技术思想和管理模式不尽相同，致使公司的成果和信息在相互集成时出现技术衔接的困难，这需要在公司内部建立统一的技术思想和技术标准，实施统一的管理模式，并加强技术交流。

（3）技术外泄风险：公司内部成员可能会为了一己私利而出卖公司的内部机密，导致公司内部重要的数据丢失或被盗取，公司的核心竞争优势被削弱，这需要与公司内部各成员签订保密协议。

2. 风险控制

与同行业企业建立战略联盟；加强信息收集分析，时刻掌握相关产业科技发展动态，特别是对新技术、新思路的掌握和了解，及时调整企业发展方向。

（三）管理风险

1. 风险表现

管理风险的一种表现是：因公司管理决策的商业行为造成的公司信誉损失所带来的风险。例如公司所制定的服务标准降低，导致服务质量降低，消费者对企业的印象改变带来损失，或者是企业有意地做出损害客户或公众利益的决策，赚取高利润让企业形象大打折扣等。

管理风险的另一种表现是：公司的组织结构与公司的经营模式不适应，各成员认知的思想和管理模式出现冲突，致使工作效率低，公司组织协调失衡，公司管理失控，严重的还会导致公司解体。

2. 风险控制

需要合理组建公司内部的各组织结构，合理分配公司内部各成员的责任，加强公司内部各成员之间的沟通，建立和增加公司内部各成员间的信任。

（四）财务风险

财务风险是公司财务结构不合理、融资不当，使公司可能丧失经营能力而导致公司预期收益下降的风险。财务风险是客观存在的，是公司在财务管理过程中必须面对的一个现实问题，公司只能采取有效措施来降低风险，而不可能完全消除风险。

（1）筹资风险：指由于资金供需市场、宏观经济环境的变化，企业筹集资金给财务成果带来的不确定性。这需要在企业的经营业务发生资金不足的困难时，采取发行股票、发行债券或银行借款等方式来筹集所需资本。

（2）投资风险：主要考虑投资套牢风险和投资到位风险。其中，投资套牢风险是项目投资大，公司因其他风险问题终止或失败，投资不可逆性导致投资资金的套牢。这需要采取分阶段动态支付的方法，在合同中明确建立动态检查机制和清算机制。投资到位风险是因投资商的自身问题不能按合同进行投资，导致公司的正常运营资金紧缺，公司的投资项目延期或失败，需由其他合作伙伴暂时分担投资或选择新的合作伙伴。

（3）经营风险：在其他因素不变的情况下，市场对企业服务的需求越稳定，企业未来的经营收益就越确定，经营风险也就越小。因此企业应先对服务市场做好调研工作，提供合适的服务。价格是收入的决定因素之一，价格越稳定，收入就越稳定，企业未来的经营收益就越稳定，经营风险也就越小。

（4）流动性风险：企业流动性较强的资产主要包括现金、应收账款等项目。防范流动性风险的目的是在保持资产流动性的前提下，实现利益的最大化。因此，我们需确定最优的现金持有量、加快应收账款的回收等，从而在防范流动性风险的前提下实现利益最大化。

（五）人力资源风险

1. 风险类型

公司采取的是服务经营方式，所需要的人力资源相比于其他的公司要少，但是，并不意味着公司就不会有人力资源危机。公司的各个环节和各个部门都需要专门人才，所以，公司的人力资源也存在不小的风险，关键技术人员的流失都会给企业带来极大损失，需力争保持公司人员的稳定性。

2. 风险控制

公司需与所有员工签订严格的《劳动合同书》，明确企业人员的职、责、权，制定严格合理的薪酬管理制度与绩效考核标准，防止人才流失。

九、创业项目退出方式

成功的风险资本撤出机制以实现风险资本预期、资本获利目标为标志，其成功与否关键取决于公司的业绩和发展前景。创业项目退出的方式主要有：

（一）企业并购

企业并购能给企业带来规模经济效应；能取得廉价原料和劳动力，进行低成本竞争；可以通过收购转产，跨入新的行业。

（二）股权回购

如果企业创办成功，投资者可以通过股份收回的方式进行资金回收。具体股票价格按与风险投资企业签订的协议执行。公司利用盈余所得后的积累资金（即自有资金）或债务融资以一定的价格购回风险投资机构在本企业所持的股权。

附录 2　创业计划书展示 PPT （节选）

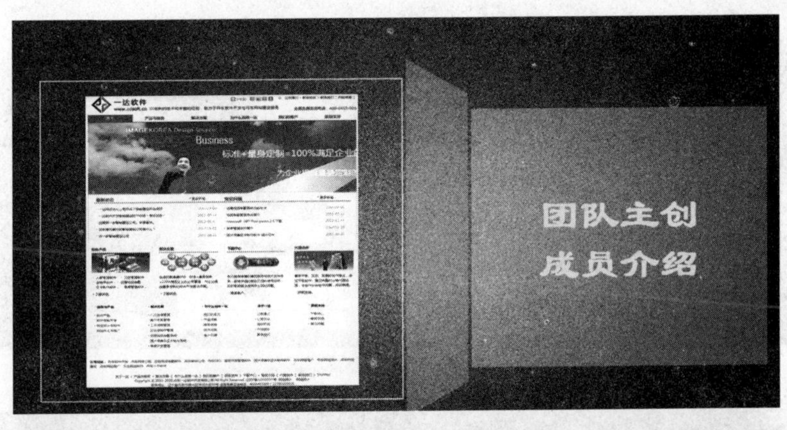

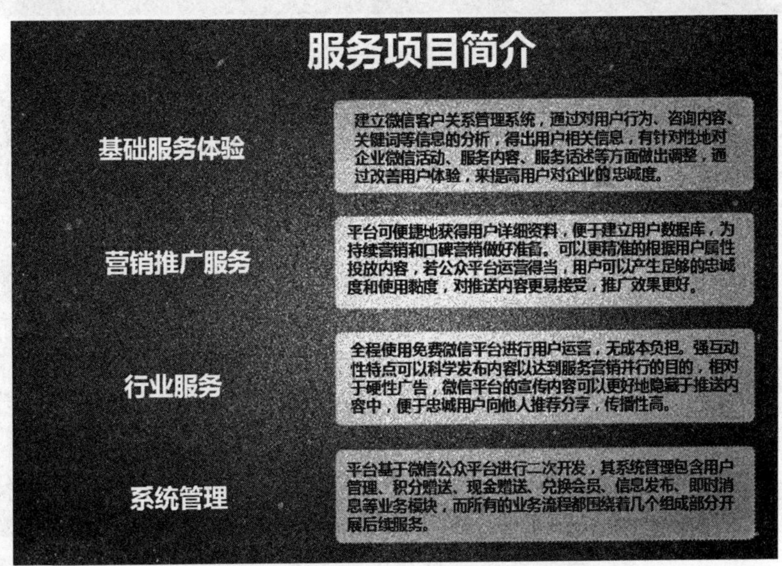

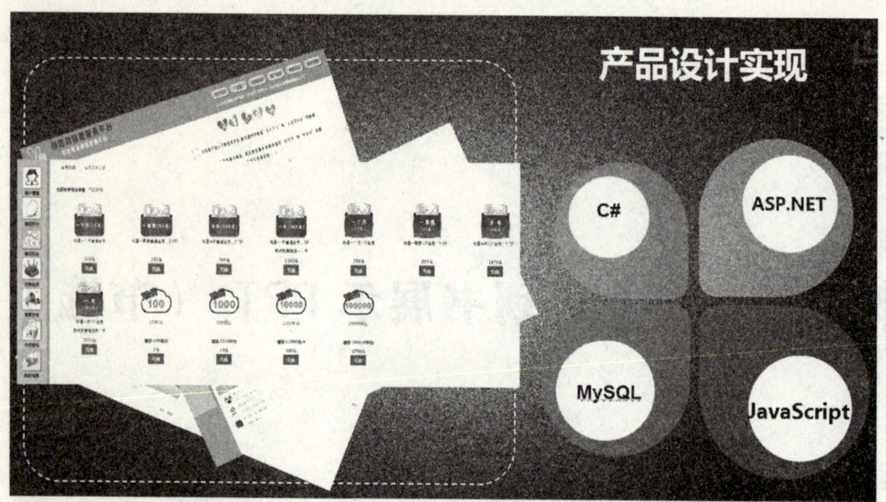
产品设计实现
C#
ASP.NET
MySQL
JavaScript

产品与服务展示
微信信智能服务平台
您的需求就是我的使命

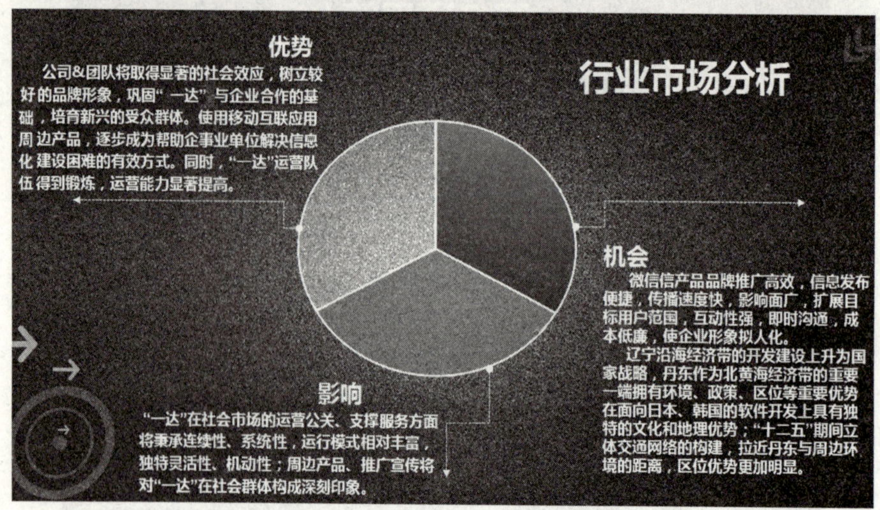
行业市场分析
优势
公司&团队将取得显著的社会效应，树立较好的品牌形象，巩固"一达"与企业合作的基础，培育新兴的受众群体。使用移动互联应用周边产品，逐步成为帮助企事业单位解决信息化建设困难的有效方式。同时，"一达"运营队伍得到锻炼，运营能力显著提高。
机会
微信信产品品牌推广高效，信息发布便捷，传播速度快，影响面广，扩展目标用户范围，互动性强，即时沟通，成本低廉，使企业形象拟人化。
辽宁沿海经济带的开发建设上升为国家战略，丹东作为北黄海经济带的重要一端拥有环境、政策、区位等重要优势在面向日本、韩国的软件开发上具有独特的文化和地理优势；"十二五"期间立体交通网络的构建，拉近丹东与周边环境的距离，区位优势更加明显。
影响
"一达"在社会市场的运营公关、支撑服务方面将秉承连续性、系统性，运行模式相对丰富，独特灵活性、机动性；周边产品、推广宣传将对"一达"在社会群体构成深刻印象。

参考文献

［1］冯英健著．网络营销基础与实践（第 4 版）．北京：清华大学出版社，2013.

［2］张传玲，王红红主编．电子商务网站运营与管理．北京：北京大学出版社，2009.

［3］吴颂志，黎文锋编著．网页设计基础教程与上机指导（第 3 版）．北京：清华大学出版社，2009.

［4］吴健主编．电子商务物流管理．北京：清华大学出版社，2009.

［5］罗岚主编．网店运营专才．南京：南京大学出版社，2010.

［6］杨国荣，李铁峰主编．配送管理实务．北京：北京理工大学出版社，2010.

［7］宋杨主编．运输与配送管理．大连：大连理工大学出版社，2006.

［8］人力资源和社会保障部职业技能鉴定中心主编．电子商务运营与综合实践．北京：北京师范大学出版社，2012.

［9］［美］劳拉·里斯（Laura Ries）著．视觉锤．王刚，译．北京：机械工业出版社，2013.

［10］马化腾等著．互联网＋：国家战略行动路线图．北京：中信出版社，2015.

［11］阿里巴巴（中国）有限公司编著．中国淘宝村．北京：电子工业出版社，2015.

经贸类通用系列推荐书目

标准书号	书名	主编	出版日期	定价（元）	教学资源
978-7-300-15112-0	管理学（第四版）★☆◆	王凤彬 李　东	2012.01	26.00	教学 PPT、电子样书、习题答案
978-7-300-18898-0	管理学基础（第二版）	杨　强	2014.10	32.00	PPT
978-7-300-17557-7	管理学原理（第二版）	徐洪灿	2013.08	32.00	PPT
978-7-300-19037-2	管理学原理与实务	万胜利	2014.09	32.00	教学 PPT、电子样书、资源包
978-7-300-15398-8	经济学基础（第四版）★	吴汉洪	2012.04	25.00	PPT、习题答案、电子样书
978-7-300-20841-1	经济学基础（第三版）★	陈玉清	2015.06	29.00	PPT、习题答案、电子样书
978-7-300-19351-9	经济学基础	赵全海	2014.10	32.00	教学 PPT、习题答案
978-7-300-19511-7	经济学基础	黄　倩	2014.09	27.00	PPT
978-7-300-18833-1	经济学课堂实验实训（第二版）★	戴　明	2014.03	26.00	教学 PPT、重要理论
978-7-300-20823-7	人力资源管理基础与实务（第二版）	吴　强	2015.02	29.00	教学 PPT
978-7-300-18138-7	市场营销学（第四版）☆	吕一林	2013.10	25.00	教学 PPT、电子样书
978-7-300-21832-8	市场营销（第二版）★☆	杨　勇	2015.10	39.00	教学 PPT
978-7-300-18613-9	市场营销基础与训练（第二版）★	潘维琴	2015.05	28.00	PPT
978-7-300-19508-7	统计学基础	沈　静	2014.09	29.00	PPT、答案
978-7-300-21479-5	经济法概论（第三版）★☆	李正华 丁春燕	2015.07	35.00	PPT
978-7-300-22036-9	公共关系原理与实务（第二版）★☆	蒋　楠	2015.10	32.00	电子课件
978-7-300-19118-8	国际金融（第二版）★	高建侠	2014.07	35.00	习题答案、PPT、电子书、课件
978-7-300-17871-4	商务谈判（第二版）	钟立群 孙彦东	2014.02	29.00	电子书
978-7-300-22366-7	现代商务礼仪（第二版）	张再欣	2016.01	32.00	电子书、案例分析
978-7-300-20346-1	经济法实用教程	吴　薇	2015.01	35.00	习题答案
978-7-300-19316-8	网络营销理论与实务	刘会福	2015.01	29.00	PPT
978-7-300-21430-6	客户服务与管理	王国玲	2015.07	28.00	PPT
978-7-300-20436-9	商务谈判	高玉清	2015.08	35.00	PPT
978-7-300-21421-4	经济法	廖爱兰	2015.08	29.80	PPT
978-7-300-21860-1	市场营销实务	蒋　晖	2015.10	29.00	PPT
978-7-300-22208-0	电子商务创业	贾晓丹	2016.06	28.00	PPT

说明：标★为“十二五”国规教材，标☆为“十一五”国规教材